LE
CÉLIBAT ECCLÉSIASTIQUE

TROIS CONFÉRENCES

Données à Bruxelles les 12, 14 et 16 Mai 1872

DEVANT DEUX MILLE PERSONNES

ET RÉPÉTÉES EN MAINTS AUTRES LIEUX

PAR

PIERRE DES PILLIERS

*Ancien prêtre et vicaire de Clairvaux (Jura), jadis bénédictin
de Solesmes (Sarthe),
Fondateur et premier supérieur de l'Abbaye d'Acey,
près Dôle (Jura).*

" Quand l'homme veut faire l'ange,
" il ne fait plus que la bête ! „
(PASCAL, dans ses *Pensées*.)

(11ᵉ Édition)

PRIX : 40 CENTIMES

CHAMBÉRY
IMPRIMERIE MÉNARD, RUE JUIVERIE

1886

LE
CÉLIBAT ECCLÉSIASTIQUE

Première Conférence.

Mesdames et Messieurs,

Avant d'aborder mon sujet, je tiens à relever trois mots que la presse ultramontaine, ou cléricale, a cru devoir, ces jours derniers, me jeter à la face.

Animée, on le sait, de cet incomparable esprit de justice et de charité qui lui fait tenir toujours prêt un répertoire à nul autre pareil, dans lequel, au lieu de bonnes raisons qui lui font défaut, elle sait puiser l'injure et l'outrage, elle a cru, par ces trois mots relatés plus bas, pouvoir m'intimider et m'empêcher de parler peut-être. En effet, je n'oserais, suivant elle, affronter le public, sous le mépris duquel cette aimable presse avait pensé m'abattre et m'anéantir. Pauvre insensée ! Au lieu de toucher à son but, elle n'a fait que m'enhardir, tout au contraire, en me révélant ainsi la parfaite inanité de ses moyens d'attaque, attendu que, si la raison combattait en faveur de cette presse ennemie, elle aurait eu le bon sens de n'employer que la raison, sans recourir à l'outrage. Or, pour lui montrer que ces trois mots;

formant contre moi son trident, me laissent impas-
sible, invulnérable, et ne font qu'augmenter ma dé-
termination absolue à vous dire en tout la vérité, je
viens moi-même apprendre à ceux de mes deux mille
auditeurs, ici présents, qui ne les auraient pas encore
aperçus, les trois qualificatifs dont elle a pris plaisir
à m'affubler. Elle m'a donc appelé : *défroqué, cabaretier, renégat.*

DÉFROQUÉ ? Certes, oui, je le suis. Qui plus est, je
suis un *défroqué volontaire,* et je m'en fais honneur.
Voyez, gisant près de moi, cette tunique et ce sca-
pulaire bénédictins. (L'orateur les soulève et les
montre à l'assemblée attentive et sympathique.) Eh
bien ! je les avais sollicités et reçus avec joie en 1846,
quand, les connaissant avoir été les habits de Dom
Mabillon, de Dom Montfaucon, de Dom Ruinart, de
Dom d'Achéry, des Doms Denys de Sainte-Marthe, de
Dom Clémençet, de Dom Calmet et d'une foule de
savants et saints personnages, je les croyais les emblè-
mes de la science et de la vertu. *(Très bien !. très
bien !)* Mais depuis qu'une triste expérience, hélas !
me les a fait voir portés, de nos jours, par des hommes de la morale et de la probité d'un Dom Guéran-
ger, Abbé mitré de Solesmes, demandant à des membres de sa Congrégation, dont il est le supérieur-gé-
néral, le mensonge et l'injustice, ou ruinant des con-
sœurs, les bénédictines d'Andancette, en les portant,
par la ruse, à souscrire en sa faveur des billets de
complaisance atteignant un capital de cent mille francs,
faisant enfin tout ce que je raconte, avec documents
officiels à l'appui, dans mon ouvrage en deux in-8°, les

Bénédictins de la Congrégation de France, et dans sa suite, in-8º de plus de 600 pages : la *Cour de Rome et les trois derniers évêques de Saint-Claude,* oh ! depuis que j'ai vu cette abominable conduite approuvée ou du moins tolérée, et de l'épiscopat français qui la connaissait, et de Pie IX envoyant ses brefs de félicitations au moine imposteur, escamoteur et spoliateur autant qu'ingrat et perfide, ah ! je n'ai plus hésité, je vous l'assure, à me dépouiller d'un habit qui m'a dès lors apparu comme étant l'ignominieux cachet du déshonneur, du vice et de l'opprobre ! *(Oui, c'est cela ! bravo ! bravo ! Nous sommes avec vous !)*

Donc, emportez loin, bien loin de mes yeux, cette défroque humiliante à laquelle ici, devant mes propres détracteurs, s'il en est entré quelques-uns dans l'espoir de contempler mon abattement prétendu, je dis un adieu public, éternel.

Non, je ne te verrai plus, insigne à la fois de l'iniquité, de l'hypocrisie et du fanatisme idiot et cruel ! Depuis sept ans déjà que je t'ai glorieusement déposé, je m'en trouve heureux et fier ! Quant à vous, mes bienveillants auditeurs, qui n'en faites pas un grief au *défroqué,* tant s'en faut ! je viens vous affirmer que, désormais jusqu'à la mort, je ne porterai d'autre habit que le vôtre à tous, ce vêtement de l'honnête homme ! *(Hourras d'applaudissements prolongés !)*

Je passe au deuxième qualificatif de la presse enfiellée ou dévote. Elle m'a traité de *cabaretier.*

CABARETIER ? Si je proteste ici, Messieurs, ce n'est point contre une profession qui n'a rien de déshonorant ; profession très utile aux voyageurs de condi-

tion modeste ; enfin, profession que j'aimerais infini-
ment mieux exercer, pour gagner ma vie honnête-
ment, que celle, hélas ! du moine imposteur, parasite
ou mendiant ! *(Bravo ! bravo !)* C'est donc contre le
mensonge uniquement que je proteste. Ainsi, presse
cléricale et dévote, vous avez menti ! Je ne suis point
cabaretier et je ne l'ai jamais été. Depuis sept ans
que j'habite Bruxelles, j'y suis connu comme *homme
de lettres,* directeur du journal *l'Ère chrétienne ou
le retour à l'Église primitive.* Or si, non pas sous
mon nom, mais sous celui de mon caviste, il m'a plu
de joindre un négoce de vins en gros dans le but de
me suffire et de n'être à charge à personne, ai-je
en cela forfait à l'honneur, à la conscience ? Et quand
donc saint Paul, presse anti-chrétienne, a-t-il rougi
de travailler à ses tentes ? Le pope, ou curé de l'Eglise
orientale, a-t-il honte un tant soit peu de labourer ses
champs, d'exercer, comme la plupart d'entre vous,
mes auditeurs, un métier quelconque, afin de subve-
nir à ses besoins, à ceux de sa femme et de ses enfants ? Ce n'est pas devant le jésuitisme, en fureur
plus que jamais parce qu'il se trouve aux abois, que
je viens me défendre ou m'excuser. J'ai pour ses
accusations un tel dédain que je les foule aux pieds
avec le mépris dont elles sont dignes. Je me borne à
mettre, autant que je le puis, ma conduite, ou privée,
ou publique, en conformité parfaite avec l'Évangile et
la raison. Mais, désireux de m'entretenir sérieuse-
ment avec vous, Messieurs, j'ai besoin de savoir si,
me connaissant pour ce que je suis, un homme du
labeur à la fois intellectuel et corporel, vous me
jugez, malgré cela, digne également de vous porter la

parole ? *(Oui, bravo ! parlez , continuez , nous honorons tout travail honnête ! A bas le jésuitisme et ses journaux menteurs !)*

Merci, mille fois merci. Je continue en passant à la troisième imputation de la presse insulteuse. Elle m'appelle *apostat, renégat.*

APOSTAT ? Oh ! j'ai de quoi m'en glorifier. Qu'ai-je apostasié, Messieurs ? qu'ai-je énergiquement renié ?

J'ai, vous le savez, répudié le monachisme. En le répudiant, j'ai renié la cupidité, le fanatisme et la jonglerie hypocrite au dernier degré de cette profession, la gangrène sociale de nos jours. *(Bravo !)*

J'ai, vous le savez aussi, répudié le romanisme. En le répudiant, j'ai renié, complètement apostasié ses erreurs, sa domination *per fas et nefas,* ses mensonges quinze fois séculaires, ses vices incorrigibles. Voilà ce que j'ai cru devoir apostasier et renier pour l'Evangile et la raison. Le Christ fut lui-même un apostat, un renégat du judaïsme. A son imitation, ses apôtres et ses disciples furent tous des apostats. Tous les chrétiens qui se convertirent du judaïsme, ou du paganisme, à l'Evangile, à la religion du Christ, furent des renégats de leur ancienne religion. Vous le voyez donc, chacun devient apostat de quelque chose ici-bas. L'enfant allant à l'école est de plus en plus chaque jour l'apostat de l'ignorance, et devient le disciple éclairé de l'instruction, de la science.

Ainsi donc je m'honore à bon droit de me dire ici l'apostat de l'Eglise romaine et du monachisme, autant que je suis fier d'être aussi le renégat du mensonge et de l'iniquité. *(Bravo ! bravo !)* Certes, à vos applaudisséments si francs, je vois bien que vous êtes des apostats de mon espèce. *(Oui ! oui !)*

Quant à nos insulteurs, ils se font les apostats de la vérité, de la justice et de la vertu, les renégats de l'Evangile et du christianisme. Ils sont à plaindre, assurément ; mais, pardonnons-leur avec charité ; leurs outrages sont nos plus beaux titres ! *(Très bien !)*

Maintenant, j'entre en matière.

Après les trois conférences de ces derniers jours sur la *Confession auriculaire,* il est naturel d'attirer votre attention sur un sujet non moins important : le *Célibat ecclésiastique.*

Or, Messieurs, je ne crains pas, sauf à vous montrer la justesse de mon verdict, de qualifier cette institution d'*immorale* à tous les points de vue.

En effet, elle est contraire : 1o à la nature ; 2o à l'Ancien Testament ; 3o à l'Évangile ; 4o à la justice, et, par conséquent, *immorale* en elle-même.

1o Le célibat est contraire à la nature.

Eh ! Messieurs, qu'ai-je ici besoin de chercher à vous démontrer une vérité plus claire, assurément, que le jour le plus éclatant ? Si Dieu, qui ne fait rien d'inutile et se révèle aussi sage, aussi grand, aussi merveilleux dans la formation d'un insecte ou d'un moucheron que dans celle de l'universalité des mondes, avait voulu former, pour sa véritable Eglise, ou cet ensemble invisible, inconnu, de tous *les hommes de bonne volonté,* n'importe leur croyance ou leur façon d'adorer la Divinité, si, dis-je, il avait voulu former, pour cette portion du genre humain si digne, un clergé vraiment célibataire, eh bien ! je vous

le demande : avec la même puissance et la même sagesse
également infinies dont il s'est servi pour créer chez
nous, ainsi que chez les animaux, deux sexes diffé-
rents, qui l'eût donc empêché de créer d'autres individus de notre famille, auxquels il n'aurait donné ni
l'un ni l'autre de nos sexes, des sortes d'anges corpo-
rels ne pouvant se reproduire et propres uniquement
à remplir les fonctions spirituelles du sacerdoce ?

Or, si le Dieu sage et puissant de la nature a cru
ne point devoir créer de tels individus au sein de la
grande famille humaine (et combien, cependant, ils
eussent été préférables aux célibataires cléricaux du
romanisme, ou jeunes, ou vieux !) *(Bravo ! bravo !)*
qui donc peut demander qu'un homme, uniquement
parce qu'il est prêtre ou religieux, ne soit plus un
homme en réalité, mais un automate, et qu'un être
essentiellement producteur annihile ainsi jusqu'à son
plus noble pouvoir, celui de la reproduction ? N'est-ce
pas faire une insulte à cette riche et mère nature,
ainsi qu'à ses lois, que de vouloir se soustraire aux
sublimes devoirs que nous impose à tous indistincte-
ment son grand Maître ? Enfin, n'est-ce pas l'outrager
à tous égards que de refouler, sous prétexte d'une
vertu singulièrement étrange et stérile, ayant l'imagination pour seul fondement, cette puissance auguste,
irrésistible, et qui nous élève en nous assimilant au
Dieu créateur lui-même ?

Et voilà néanmoins ce que la Rome aujourd'hui si
fort dégénérée et descendue, en fait de morale, au-
dessous des peuplades les moins civilisées, a bien osé
prescrire, à dater de l'an 1000, à trente ou quarante
générations sacerdotales, monacales, épiscopales et

papales, englobant au moins quarante à cinquante millions d'individus, prêtres, moines et religieuses, qui furent ou qui sont hommes et femmes de la même façon que vous tous, Mesdames et Messieurs. *(Salve d'applaudissements.)* Ah ! certes, ils l'ont bien prouvé dans tous les siècles de leur existence, et, si vous lisiez ma brochure *les Moines dévoilés*, vous y verriez, par des faits irrécusables et nombreux, que « *l'habit ne fait pas le moine* », que l'imposition des mains de l'évêque sur la tête du prêtre, au jour de son ordination, ne saurait enlever à ce dernier sa virilité; que le voile de la nonne est impuissant à contraindre un seul battement de son cœur de femme, ou pour l'aumônier, ou pour le confesseur extraordinaire, ou pour l'évêque, ou pour tout autre ministre des autels, qui lui serait bien indifférent, que, peut-être, elle en viendrait à détester s'il n'était qu'un ange, au lieu d'être un homme en chair, os et sang ! *(Bravo ! bravo !)*

Mais si là, seulement, se bornaient les misères, et du prêtre, et du moine, et de la nonne ! Hélas ! ils sont la plupart du temps conduits à des abominations secrètes qu'il ne m'est pas permis de nommer dans cette enceinte, et qui, suivant la Bible, ont attiré sur des villes infâmes de l'antiquité, Sodome et Gomorrhe, la descente du feu du ciel.

Le régime papal, qui prescrit le célibat à toute une armée innombrable de prêtres, de moines et de religieuses, est donc un coupable de la pire espèce. Il pose, en effet, le principe immoral et monstrueux des crimes contre la nature, crimes auprès desquels la violation des lois divines positives, à plus forte raison des lois humaines de convention, telles les lois de l'Eglise, sont de bien faibles peccadilles. *(Très bien ! très bien !)*

Ainsi, Messieurs, je crois vous avoir suffisamment démontré que le célibat clérical mérite à bon droit la qualification d'*immoral*, en tant qu'il est contraire à la nature.

2° Le célibat est contraire à l'Ancien-Testament.

Le verset 18 du chapitre II de la Genèse est ainsi conçu : «*Dieu dit : Il n'est pas bon que l'homme soit* « *seul, faisons-lui donc un aide semblable à lui.* » Le verset 25 ajoute : « *L'homme quittera son père et* « *sa mère, et s'attachera à sa femme, et ils seront* « *deux dans une seule chair.* » Enfin, quand Dieu « bénit ce premier couple humain, il lui dit : « *Crois-* « *sez et multipliez-vous, remplissez la terre.* »

Est-ce bien Dieu qui parle ainsi ? Rome elle-même l'affirme, en donnant expressément pour la parole divine toute parole de l'Ancien-Testament.

Mais, quand ce Dieu nous dit qu'*il n'est pas bon* que l'homme soit seul, qu'il lui donne une femme afin de ne plus faire avec elle, en réalité, *qu'une seule chair*, et qu'il leur recommande à tous deux à la fois *de se multiplier et de remplir la terre,* il faut qu'au sein de notre Europe actuelle, ayant la prétention d'être au moins civilisée, il faut qu'un simple mortel, qui se dit infaillible et vice-Dieu, nous donne audacieusement comme *le plus haut degré de perfection* ce que le Dieu des siècles et de l'Eternité même a formellement déclaré *ne pas être bon !* Mais, de quel Dieu donc est-il le vrai vicaire ou le lieutenant ? Ne le serait-il pas uniquement de « *l'homme noir,*

« *moitié renard et moitié loup* », qui tient en ses mains et dispose avec habileté, sur le monde entier, les trames ténébreuses des fils de Loyola ? *(Bravos unanimes.)*

Vous le voyez, Messieurs, l'infaillibilité papale, au moyen du célibat forcé, ne rend pas simplement le pape égal à Dieu même ; elle le fait son maître et son régent. Pie IX le fat, que les cléricaux appellent si niaisement l'*Immortel*, peut traiter d'*idiot*, ou du moins d'*imprévoyant*, l'*ÉTERNEL*, le *DIEU CRÉATEUR*, qui ne veut de célibat pour nul individu de la famille humaine, en tant qu'obligatoire ou forcé.

Je ne sais si vous trouverez mon jugement sévère. Et, d'ailleurs, n'importe ; il me faut l'exprimer nettement. Je vous dis donc que je tiens l'homme du Vatican, en tant que pape et dominateur, pour le grand rebelle, ou pour le principal ennemi du Dieu dont il se proclame ici-bas le vicaire infaillible, uniquement pour mieux fouler aux pieds ses prescriptions ; je le tiens aussi pour *notre ennemi* (1) *commun à tous et à chacun de nous,* puisqu'il veut nous entraîner tous dans sa révolte, à l'exemple de Lucifer. Par sa prescription du célibat, le pontife outrecuidant reproche à Dieu de n'avoir pas créé la monstruosité la plus grande. Alors lui-même en vient à la créer autant qu'il est en lui, chaque jour et sur tous les points du globe, en essayant de faire en vain d'un homme un ange, alors qu'il n'aboutit généralement qu'à faire

---

(1) Ces mots soulignés, prononcés devant deux mille Belges, le 12 mai 1872, sont donc antérieurs de cinq ans à ceux-ci de Gambetta prononcés le 4 mai 1877 : " *Le Cléricalisme,* c'est l'ennemi. "

une bête, ainsi que le dit Pascal, et même une bête ,
hélas ! de la plus impure espèce ! *(Applaudissements
unanimes mêlés de tristesse.)*

Venons aux faits, Messieurs, et constatons que le
premier prêtre de la création, Adam, fut, d'après les
cléricaux, celui même auquel Dieu donna l'ordre ex-
près de croître et de multiplier. Aussi la Synagogue
a tellement bien compris cette loi divine et primor-
diale que, dans tout Israël, il ne s'éleva pas un seul
couvent de moines ou de femmes pratiquant le célibat, et que les grands-prêtres eux-mêmes se ma-
riaient et devenaient pères de nombreuses familles.

Le célibat clérical est donc *immoral* en tant que
contraire à l'Ancien-Testament , puisque le clergé
tient son contenu pour parole de Dieu.

3º Le célibat est contraire à l'Evangile.

Jésus-Christ a déclaré qu'il n'est pas venu pour
abroger la loi de Moïse ; il n'a voulu que la compléter.

Mais on ne saurait trouver dans tout l'Evangile
une seule de ses paroles indiquant son intention de
former un clergé célibataire. Et, d'abord, où choisit-
il ses apôtres ? Uniquement parmi les hommes mariés, Paul, qui ne le fut pas, n'ayant été choisi qu'à-
près la mort du Christ. L'apôtre Pierre, auquel les
papes prétendent succéder et à qui, pour ce motif
unique, ils reconnaissent les plus exorbitantes
prérogatives, était marié lui-même, et la tradition
nous a gardé le nom de sa fille, sainte Pétronille.

Ainsi Pie IX veut être, ou, plutôt, se dit beaucoup
plus parfait que celui dont il prétend hériter des clefs
du royaume des cieux. Il veut que tous les évêques,
tous les prêtres, tous les diacres, tous les sous-diacres,

tous les moines, toutes les nonnes, l'emportent en
perfection sur celui que le Christ aurait choisi pour
être après lui le chef de son Eglise. En vérité, si
Pie IX succède à Pierre, il ne me paraît lui succéder
que de la façon dont la nuit succède au jour, ou les
ténèbres à la lumière, attendu que Pierre et Pie IX
sont aux antipodes l'un de l'autre.

Et, d'ailleurs, si Jésus vint enseigner au monde une
morale exquise, incomparable à toute autre avant lui
connue, où donc s'est-il proposé d'annihiler les sens
et les aspirations de l'homme? Où voit-on qu'il ait
voulu, des ministres de ses autels et de ses disciples
soi-disant les plus parfaits, faire autant de cadavres?
Que les papes nous montrent clairement les inten-
tions du Christ à cet égard, et nous cesserons de les
dire en contradiction patente avec l'Evangile.

Or, loin de pouvoir nous le montrer, c'est nous qui,
l'Evangile à la main, lui prouverons le contraire.

En effet, au lieu d'imposer le célibat à ceux de ses
disciples se destinant au ministère, on voit Jésus honorer le mariage en assistant aux noces de Cana,
puis en y faisant son premier miracle. Or, d'après la
tradition de l'Eglise papale elle-même, il s'agissait là
des noces de son apôtre aimé de préférence et s'appuyant sur sa poitrine, il s'agissait de saint Jean.

Dans son beau *Discours sur la montagne*, il prescrit l'indissolubilité du mariage; il en proclame la
sainteté; mais il n'y est pas question du célibat.
Nulle part l'on n'y voit le célibat recommandé par
lui. Tout au contraire, il se plaît à comparer le
royaume des cieux à certain roi faisant les noces de
son fils. Dans la parabole des vierges sages et des

vierges folles, la récompense des sages est d'être admises au festin de l'époux, tandis que la punition des folles est d'en recevoir cette réponse accablante : « *Je* « *ne vous connais pas !* »

Les apôtres ont si bien compris la doctrine du Maître que, dans sa 1re Epître à Timothée (III, 2), saint Paul dit : « *Il faut qu'un évêque irréprochable soit* « *le mari d'une seule femme.* » Il dit aussi, dans son. Epître à Tite (IV, 5 et 6) : « *Je vous ai laissé en* « *Crète afin que vous régliez toutes choses et que* « *vous établissiez des prêtres en chaque ville, selon* « *l'ordre que je vous en ai donné, ne choisissant* « *aucun homme qui ne soit irréprochable, mari* « *d'une seule femme, dont les enfants soient fidèles* « *et qui ne soient pas accusés de débauche, ni dé-* « *sobéissants.* »

Vous l'entendez, Messieurs, ce que saint Paul condamne expressément, dans un évêque ou dans un prêtre, est la seule polygamie, et non le mariage.

Et telle fut la conduite également de la primitive Eglise, ou des trois premiers siècles, durant lesquels le christianisme a paru dans tout son éclat. Le célibat clérical est donc contredit par l'Evangile.

4° Le célibat est contraire à la justice.

Oh ! quel homme ayant tant soit peu de bon sens oserait bien le contester ? Dès que Dieu créa l'homme libre en lui donnant, d'ailleurs, le penchant le plus irrésistible à se reproduire, est-il une puissance. humaine ayant le pouvoir de priver, non pas même un seul individu, mais aussi toute une nombreuse catégorie d'hommes, de l'exercice du droit le plus sacré, le plus inaliénable ? Où sont les titres bien établis autorisant le pape à violer le droit formel du prêtre au mariage, alors qu'on ne saurait les trouver nulle part : ni dans l'Evangile, — il n'en est pas trace, — et ni dans la tradition de l'époque apostolique et de celle de la primitive Eglise ? Ainsi, pas une preuve en faveur de la prétention papale, et, tout au contraire, un grand nombre de bonnes raisons pour la combattre. Il s'ensuit donc qu'elle est *inique*.

La papauté, je le sais, en vient à nous dire, avec un air de triomphe et sur le ton le plus assuré, que, ses lévites connaissant préalablement les conditions auxquelles ils pourront devenir les oints du Seigneur, elle ne les a point violentés pour les attirer dans sa milice.

Or, je lui réponds que, ces conditions étant d'elles-mêmes iniques, immorales, contraires à l'esprit de Jésus, elles sont nulles de plein droit, et qu'elle devrait rougir d'oser les mettre en avant.

De plus, je lui dis qu'elle *ment avec impudence*, en affirmant que ses lévites connaissent si bien la nature de leurs engagements quand ils entrent dans le clergé célibataire.

En effet, que tout clerc minoré sache, en recevant le sous-diaconat, qu'il s'engage à la pratique exacte et perpétuelle de la continence absolue, est-ce bien là ce que prétend l'Eglise papale ? Or, s'il en est ainsi, son langage est digne en tout de celui d'Escobar, car il est parfaitement à côté de la question. *(Applaudissements.)*

De quoi s'agit-il *dans la réalité*, mais non pas en se contentant d'un de ces artifices multipliés de mensonge et de corruption trop habituels de la part de cette Eglise ?

Il s'agit de savoir si le clerc minoré, séquestré dix à douze années dans un petit et dans un grand séminaire, âgé d'environ vingt et un ans accomplis, jeune adolescent plein de candeur dont le front n'a jamais reçu que le baiser maternel, et de qui l'on a pris soin d'écarter tout ce qui pourrait éveiller les inclinations du cœur, naïf innocent trompé d'ailleurs · par une fausse éducation, il s'agit, dis-je, avant tout, de savoir s'il a conscience, en vérité, de ce qu'il fait quand il s'engage à triompher constamment, et de pièges qu'il ignore, et d'assauts qu'il ne prévoit pas, et d'ennemis dont il n'a jamais calculé la force, et de la nature, enfin, qui doit s'éveiller plus tard pour lui crier impérieusement, d'accord avec l'Evangile et la raison, que le célibat, loin d'être imposé par Dieu même aux prêtres de la nouvelle alliance, est, quand on l'érige en principe, un attentat sacrilège à la loi commune et sainte de la procréation. (*Bravo! bravo! c'est juste!*)

Eh bien ! je réponds, sans hésiter, que le lévite ignore absolument ce qu'on lui réserve, et que l'on a criminellement abusé de son inexpérience et de sa bonne foi. Quoi donc ! Les directeurs des grands séminaires qui savent, et par eux-mêmes, et par tant de prêtres dont ils reçoivent les secrets aveux, que la plupart de ces infortunés jeunes gens ne tarderont pas, à peine entrés dans le monde, à violer leurs engagements si pleins de témérité, soit avec des pénitentes irrésistiblement amourachées du prêtre vierge, ou du moins tenu pour tel, soit par des crimes honteux contre nature, oui, ces directeurs si pleins d'expérience ont chaque année, au moment des ordi-

nations, le courage immoral de pousser sciemment à
l'abîme un troupeau d'innocents ! Et tous les évêques
le savent et y consentent ! Et le pape infaillible exige
un pareil état de corruption, sans vouloir y rien
changer ! Et devoir reconnaître ici qu'une Eglise
aussi perverse, aussi pourrie en fait de mœurs, et de
bonne foi chez ses chefs, conserve encore aujourd'hui
plusieurs millions d'adhérents sincères ! A quel degré
d'aveuglement peut donc descendre en réalité l'espèce humaine, aussitôt qu'elle en vient à braver les
lois de la nature !

Or, pères et mères qui m'écoutez, au nom de l'intérêt si légitime et si sacré que vous portez à vos enfants, éloignez-les avec soin du sanctuaire impur
d'une Eglise entièrement dévoyée, et qui se met en
contradiction flagrante avec les principes qu'elle dit si
bien être avant tout sa base, aussi longtemps qu'elle
ne reviendra point à toutes les maximes de l'Evangile, aussi longtemps qu'elle ne décrétera pas, en
dépit du fameux canon X de la session XXIV du
Concile de Trente : « Que l'état conjugal doit être,
« et pour l'homme, et pour la femme, et n'importe
« leur condition, préféré de beaucoup à l'état de
« continence et de célibat, et qu'il n'est pas meilleur
« ni plus avantageux de demeurer dans le célibat
« et la virginité que dans l'état du mariage. »

En suivant ces conseils, vous ne vous exposerez
point à rendre extrêmement malheureux ce que vous
avez de plus cher au monde, et, non plus, à faire un
jour rejaillir sur vos cheveux blancs la honte et l'in-
famie, hélas ! dont trop d'insensés poursuivent le prêtre infidèle à ses vœux, tout absurdes et nuls qu'ils
soient devant Dieu.

Que ces vœux soient nuls, cela n'est-il pas de toute évidence ? En effet, puisque, d'après l'Ecriture, il n'est pas donné de pouvoir garder la continence à moins d'une faveur de Dieu tout à fait spéciale, ainsi qu'elle le dit en ces mots : *Nemo potest esse continens nisi « Deus det, »* c'est donc une témérité bien impie, assurément, que de promettre une chose impossible à l'auteur de la promesse, attendu qu'elle ne dépend pas de lui, mais de Dieu seul.

De plus, le vœu, par sa nature, étant un contrat, et tout contrat exigeant la connaissance avant tout de l'objet sur lequel il porte, ainsi que la volonté parfaite et la pleine liberté du contractant, il s'ensuit que les vœux du jeune lévite sont nuls, parce qu'ils ont été, comme je l'ai plus haut établi, faits sans connaissance de cause, et, par conséquent, sans liberté pleine.

Aussi, que Rome en vienne à choisir tous ses sous-diacres quand ils atteindront leur quarantième année ! Alors, nous saurons qu'elle ne les a pas subornés ; mais nous compterons aisément, je crois, ceux qu'elle recrutera ! (*On rit. Très bien! bravo !*).

Si quelque villageois, trouvant une perle, allait la porter à certain bijoutier qui, la reconnaissant pour un diamant d'un fort grand prix, ne l'accepterait néanmoins qu'en la déclarant *pierre fausse* et la payant simplement comme telle, et que le villageois, plein de confiance en l'homme de l'art communément accrédité pour l'appréciation des bijoux, lui cédât de la sorte, à vil prix, sa trouvaille ayant une valeur considérable, eh bien ! que devrait-on penser, je le demande, et de ce contrat lui-même, et de l'a

cheteur, sinon que le premier est radicalement nul,
et que le dernier est un coquin de la pire espêee ?

Or, n'est-ce pas ce qui précisément arrive au jeune
sous-diacre alors qu'il aliène, avec tant d'insou-
ciance et dè naïveté, pour la compensation la plus
dérisoire, un droit inaliénable ? On l'a trompé de la
façon la plus indigne et la plus cruelle en lui répé-
tant à satiété, sur tous les tons, que la continence
élevait le prêtre au-dessus de tous les autres hommes, au-dessus des princes et des rois, tandis que la
reproduction de soi-même était *une chose vile,* et
l'apanage même des *animaux les plus immondes.*
C'est ainsi que l'enseignement oral du séminaire avi-
lit l'acte voulu de Dieu, l'acte par lequel la créature
intelligente a le plus de ressemblance avec le Pouvoir
Créateur.

Or, quels sont les hommes trompant ainsi la bonne
foi du jeune aspirant au sacerdoce ?

Hélas ! ce sont les chefs mêmes de la religion dans
laquelle on l'a bercé, nourri, sequestré jusqu'à l'heure
fatale de son engagement, donné par eux comme
irrévocable ! Après cela, ces chefs madrés l'initient à
des mystères qui souillent d'abord son imagination
avant d'atteindre en plein son cœur.

Voilà, Messieurs, les vrais criminels! Voilà les
hommes rusés, seuls responsables devant Dieu de
ces vœux absurdes qui, malgré leur nullité, portent
des conséquences si terribles, puisque le prêtre est
impuissant à les briser sans encourir la dégradation
morale, ou la misère, ou des tracassements inouïs,
sans fin, de la part des fanatiques.

Et que ce prêtre, enfin désabusé, veuille un jour

revendiquer ses droits d'homme et de bon citoyen, comment se voit-il traité jusque dans les pays où l'Église, en dépit des constitutions civiles proclamant la liberté des cultes, exerce sa diabolique influence auprès de juges à conscience factice ?

Il est traité partout en vrai paria, son évêque arrivant toujours, malgré l'interdit même, à le faire aussitôt considérer comme inhabile au mariage, en tant qu'il reste éternellement revêtu d'un caractère *indélébile* et *sacré.*

Les tribunaux français, qui ne sauraient invoquer aucune loi civile appuyant les infâmes prétentions de la prostituée de l'Apocalypse, osent cependant lui donner généralement main forte, en vertu de soi-disant coutumes, de soi-disant convenances sociales. *Proh pudor !* Oh honte ! Oui, cent fois et mille fois honte à ces lâches magistrats ayant deux poids et deux mesures ! Honte à ces contempteurs du droit public, qui loin d'être, en vertu de leur charge auguste et de leurs sublimes fonctions, les soutiens de la morale et les vengeurs de l'innocent opprimé, se rangent du parti de l'immoralité même et de l'oppression ! Honte encore et mille fois honte ! (*Bravo ! bravo !*)

Magistrats iniques ! lorsque vos injustes procédés ont poussé le prêtre éperdu, doutant presque de sa raison bouleversée, à chercher dans de coupables plaisirs la satisfaction d'un besoin qu'il aurait pu, sans votre connivence avec ses tyrans, se procurer légitimement, de quel droit l'appelez-vous à votre barre afin de lui demander compte, *à lui seul,* des crimes dont *vous êtes avant lui la cause ?*

Et de quel droit le condamnez-vous au bagne, alors
que vous l'avez privé des moyens de vivre honnête-
ment, en se conformant aux lois de la nature, ainsi
qu'à celles du christianisme auquel vous faites profession d'appartenir ? N'est-ce pas vous qui devriez,
concurremment avec vos amis les évêques et les édu-
cateurs des lévites, être comdamnés et flétris ? Car
vous seuls êtes responsables des fautes de ces mal-
heureuses dupes d'une Eglise abominable, attendu
que vous l'étayez de votre influence, au lieu de la
démasquer et, par là, de prémunir les jeunes gens
et les familles contre les pièges tendus par elle à
leur simplicité naïve.

Enfin le célibat, ou le vœu de continence, étant
immoral en ce qu'il prétend aliéner un droit inaliénable, est nul aux yeux de la conscience, et d'après
l'Eglise elle-même enseignant que l'objet du vœu
doit être une chose évidemment préférable à sa con-
tradictoire et qui soit au plein pouvoir du votant.

J'ai dit assez, je crois, pour établir que le célibat
imposé de force au clergé du pape est contraire à la
justice,

Ainsi, Messieurs, vous avoir dépeint ce célibat
comme opposé, tout à la fois, à la nature, à l'Ancien-
Testament, à l'Evangile, à l'équité, c'est vous l'avoir
dépeint comme *immoral*.

Il m'incombe aussi de vous le montrer *nuisible à
tout le monde*, et ce sera l'objet de ma deuxième conférence à laquelle il vous plaira, j'en suis sûr, de me
prêter la même attention que celle dont vous venez
de m'honorer, et pour laquelle il m'est doux de
vous exprimer tous mes remerciements.

Deuxième Conférence.

—

Mesdames et Messieurs,

Après avoir établi péremptoirement, je crois, *l'immoralité* du célibat clérical, je me propose aujourd'hui de vous montrer qu'il est *nuisible à tous égards*.

En effet, Il est *nuisible:* 1o au prêtre lui-même; 2o à la famille; 3o à la religion; 4o à la patrie; 5o à la société.

1o Le célibat est nuisible au prêtre lui-même.

Oui, cette loi profondément *immorale,* œuvre *inique* et *dominatrice* avant tout d'une Eglise antichrétienne et dégénérée, est particulièrement propre à constituer, pour chaque prêtre, un perpétuel danger d'incontinence et d'immoralité. De ce célibat résultent nécessairement des états permanents d'hypocrisie, ou de scandaleux éclats suivis de répressions avilissantes pour le sacerdoce.

Un fait constant, c'est que le prêtre, en tant que célibataire, est d'autant plus tenté vivement en lui-même, et par les circonstances extérieures, que, le téméraire ! il a fait vœu de combattre à jamais la nature, et cela sans que Dieu, l'auteur sage et vénéré de cette même nature, ait pris l'engagement de lui venir en aide au moyen d'un continuel miracle. Or, qui pourrait redire ici les luttes qu'il n'avait pas d'abord prévues, mais qui viennent l'assaillir peu de temps après l'émission de ses vœux insensés ?

Dans cette lutte impie, hors de proportion, qu'ils n'auraient eu jamais à subir s'ils n'avaient sacrifié leur raison à la voix perfide et sans cœur de leur Eglise, il arrive, en fait, que presque tous finissent par succomber.

Et quel en est le résultat ?

Les uns, que leur chute étourdit, vouent à la désolation leur âme, alors livrée à l'angoisse, au scrupule, aux remords, de manière à rester malheureux leur vie entière.

D'autres, et ce sont les plus nombreux, dont la conscience est moins timorée, arrivent très vite à s'accoutumer à leurs chutes fréquemment repétées. Aussi se créent-ils sans scrupule, en dehors du mariage, une vie à la fois de disssipations, de débauches et d'infamies. L'évêque a soin de fermer les yeux, si le prévaricateur n'est poursuivi d'ailleurs à l'évêché par un confrère haineux ou jaloux, désireux du poste un peu plus lucratif de celui qu'il dénonce, ou si le scandale est resté circonscrit sans arriver devant un tribunal correctionnel ou devant une cour d'assises. Dans le cas d'une poursuite judiciaire, on voit l'évêque, indulgent jusque-là, devenir inexorable. Il se met à dégrader, non l'auteur des crimes d'incontinence et d'impureté, mais le malheureux qui n'a pas été suffisamment habile à prévenir l'éclat du scandale, unique effet du célibat qui soit vraiment redouté de l'Eglise romaine.

Et la sévérité de l'évêque, en pareille conjoncture, est un trait caractéristique, attendu que le prélat semble ainsi dire aux populations que ce prêtre interdit est le seul criminel dans tout le diocèse, et que, s'il en connaissait un autre, il serait l'objet des mêmes mesures.

Telle est la politique astucieuse et sans bonne foi de l'Eglise. Elle a le front de se proclamer l'Epouse immaculée du Christ ! Mais elle est l'antipode absolu de cet irréconciable ennemi du pharisaïsme. (*Oui ! oui ! bravo !*)

Le reste, enfin, des victimes cléricales du célibat, lesquelles, en petit nombre et par de continuelles macérations, parviennent à triompher des terribles assauts de la chair injustement comprimée, en viennent, pour la plupart, à s'étioler au moral comme au physique. Or, telle est la raison de ces hallucinations de l'esprit, de ces morts prématurées dans le jeune clergé, de ces consomptions, de ces phthisies, de ces dépérissements, de toutes ces maladies que peut engendrer le plus insensé, comme aussi le plus criminel des combats contre la nature.

Ici, je dois vous révéler ce que le génie infernal ou monacal, — c'est le même, — a cru devoir inventer pour aider le moine à pratiquer la chasteté. Ce morceau, que je vais vous lire, est puisé dans le chapitre XIII du tome 1er de mon ouvrage in-8o : *les Bénédictins de la Congrégation de France*, ainsi qu'on le voit aux pages 108-114 de la 5e édition. Le chapitre est dûment intitulé : *Cilice, Moulinet et Chambranle.* Ecoutez :

« Si la pratique des vertus chrétiennes est passa-
« blement négligée au noviciat de la maison mère
« des bénédictins de la Congrégation de France, le
« Révérendissime a prétendu pouvoir abondamment

« y suppléer par les moyens dont je vais faire
« mention.

« Peu de jours après avoir reçu de ses mains l'ha-
« bit de postulant, je fus favorisé de sa visite.

« Je lui adressais mes remerciements pour tant
« d'honneur lorsque, sortant de dessous son scapu-
« laire des objets dont la forme m'était inconnue, il
« me dit :

« Je vous apporte, mon Frère, des instruments au
« moyen desquels vous ferez mieux votre salut et
« arriverez plus vite à la perfection religieuse.

« Aussitôt il m'en donna un. C'était une espèce de
« chemise de crin d'un tissu épais, qu'il me dit de
« porter sur les épaules et la poitrine nues, en fixant
« ses deux larges bandes par des cordons attachés
« l'un à l'autre sur les côtés.

« — Mon Révérendissime, comment nomme-t-on,
« dans le langage monastique, cet habit de dessous
« que je n'ai jamais vu dans le monde ?

« — La haire ou le cilice, mon cher enfant.

« Sa Paternité me remit ensuite une ceinture de
« fer armée de pointes.

« — Ceci, dit-elle, est un autre instrument de pé-
« nitence qui se porte également sur la chair nue.

« — Mais toutes ces pointes, mon Révérendissime
« Abbé, doivent déchirer la chemise et la tunique ?

« — Du tout. Cette chaîne est polie par-dessus ;
« le dessous seul, qui touche la chair, est pointu.

« — Comment ! Est-ce ainsi que l'on en use ? Mais
« il y a de quoi mourir, faute de pouvoir respirer
« librement ?

« — Il faut mourir aux sens pour vivre de la vie

« sprituelle, répliqua-t-il. Il ajouta : Je vous ménage
« beaucoup ; votre ceinture n'a que cent quatre-vingts
« pointes.

« — Merci de l'attention paternelle ; je vous gar -
« derai une filiale reconnaissance.

« Sa Paternité me remit un troisième instrument
« de perfection monastique, celui ci ayant la forme
« d'un fouet, composé d'une corde à laquelle pen-
« daient huit autres plus petites, garnies chacune de
« trois ou quatre nœuds artistement formés. Les
« nœuds des extrémités de ces huit petites cordes
« ressemblaient à de petits poings serrés très forte-
« ment.

« — Ah ! dis-je en le recevant, je vous remercie
« de m'avoir procuré ce joli petit martinet, pour en-
« lever la poussière de nos habits.

« — Rien ne vous empêche, me dit-elle, de l'em-
« ployer aussi à cet usage ; mais ce n'est point dans
« ce but que je vous l'apporte, autrement je vous l'eusse
« fait remettre par le Père procureur. Cet objet est
« un instrument de pénitence appelé *discipline*. Tous
« les saints en ont usé fréquemment, et il est bien
« difficile d'aller au ciel sans le pratiquer, si l'on
« n'est d'ailleurs éprouvé par la maladie ou la souf-
« france.

« — Et comment pratique-t-on cet instrument de
« sanctification, mon Révérendissime Abbé ?

« — On peut, mon cher enfant, se donner la dis-
« cipline de trois façons différentes ; mais dans tous
« ces cas il faut être nu, au moins des épaules à la
« ceinture. Il y a la manière ordinaire, le Moulinet
« et le Chambranle.

« La première consiste à se frapper le dos et les
« reins, en passant la discipline par dessus les épaules.

« Le *Moulinet* s'exécute en la passant sous les
« bras et se frappant ainsi le dos avec un mouve-
« ment rapide.

« La *Chambranle*, enfin, consiste à faire jouer la
« discipline entre les jambes, de manière à la
« faire remonter jusqu'aux épaules, d'où elle re-
« descend pour revenir par devant l'estomac et
« retourner sur le dos et les reins, par-dessus les
« épaules. » (*Explosion de rires universels.*)

« Il faut éviter avec soin de frapper *super clunes,*
« dans la crainte de résultats contraires à la morale. »

Vous voyez, Mesdames et Messieurs, à quelle folie
on est obligé d'en venir lorsqu'on s'est mis en contra
diction patente avec les lois de la nature.

Et ne croyez pas que de pareils moyens soient
efficaces contre les tentations de la chair. Saint
Louis de Gonzague, un modèle, assurément, de ces
fanatiques flagellants, eut beau se couvrir de
cilices, s'administrer fréquemment la discipline et se
ceindre aussi de pointes de fer. Au lieu de maîtriser
ses sens rebelles, il en vint, le malheureux, hallu-
ciné par les instruments de pénitence, à faire
horreur aux plus beaux sentiments de l'humanité ;
car, si nous en croyons son historien, le jésuite
Boubours, l'infortuné jeune homme en vint à rougir,
à baisser les yeux devant sa mère, attendu qu'*elle
était une femme !*

Or, voilà le modèle aujourd'hui proposé par les
jésuites, comme aussi par le clergé célibataire, à la
jeunesse.

Oh ! mères qui m'écoutez, voilez-vous ; je ne vous souhaite assurément pas de tels fils ! *(Bravo ! très bien!)* Ainsi donc le célibat est nuisible au célibataire.

2º Le célibat est nuisible à la famille.

En effet, c'est une vérité d'expérience, et la chose est constatée en tous lieux et dans tous les temps, que la jeune fille et la femme dévotes sont attirées vers le prêtre irrésistiblement ; que sa présence, et souvent son seul souvenir, captive en entier leur imagination. Des faits innombrables, hors de conteste, et que la bienséance interdit de citer devant une pareille assemblée, établissent que le célibat ecclésiastique est un danger permanent pour la vertu du sexe faible, et que, plus le prêtre est vertueux et circonspect, plus le péril est grand du côté de la femme. Elle s'éprend beaucoup plus vite, et avec bien autrement d'ardeur, pour un prêtre éminent en vertus, ou du moins tenu pour tel, que pour un prêtre ayant moins de valeur morale et jouissant dans le public de moins de considération que le premier. Je ne puis, en pareille matière, et surtout devant la jeunesse ici présente, essayer de vous exposer, dans le détail, des faits à l'appui. Ce ne sont pas eux qui manqueraient à l'appel. Tout au contraire, ils sont si multipliés, si nombreux, qu'un fort volume *in-folio* ne saurait relater ceux qui sont parvenus à ma connaissance, à dater de mon entrée au sacerdoce. Or, combien d'autres *in-folios* ne faudrait-il pas pour exposer ceux que je ne connais point encore et que, ni vous, ni moi, nous ne connaîtrons jamais, vu qu'ils se sont perpétrés dans le secret le plus absolu, le plus sombre ! Il nous faut les taire en

considération du danger d'immoralité qu'offrirait
leur exposé. Ce sont là de ces choses qui ne doivent
être exprimées, par la parole ou par les écrits, que
pour des pères et mères ou tuteurs ayant charge
d'enfants ou de pupilles.

Mais, comme on ne saurait apporter un remède
efficace à tout mal inconnu ; comme un médecin lui-
même aurait le droit de le qualifier de *mal imaginaire* au cas où son art ne pourrait découvrir le mal
réel, il me faut bien, cependant, dire ici quelle est
l'étendue approximative ou l'intensité du mal résul-
tant de l'obligation du prêtre au célibat.

Je ne le dirai pas de moi-même, auditeurs bienveillants ; je ne veux point que les évêques et les
prêtres de mauvaise foi me reprochent de les accuser
injustement. Je veux être un simple historien, le nar-
rateur exact d'un épisode instructif dont je fus l'audi-
teur pendant qu'un jésuite en fut le prédicateur ardent.
Non seulement je prends, pour garant de la véracité du fait étrange, et si particulièrement décisif
contre le célibat, que je vais vous répéter, le Dieu
devant le tribunal duquel je dois paraître un jour ;
mais je prends aussi trois cents prêtres de mon
diocèse d'origine, celui de Saint-Claude, auditeurs
avec moi de cette révélation significative, à témoin
de ma véracité propre.

Au cas où la plupart me donneraient, à ce sujet,
un démenti si clairement intéressé, je me bornerais à
conclure alors que la plupart des membres du clergé
jurassien ne sont, hélas ! que des hommes faux dont
la conscience a malheureusement été, par l'éducation
jésuitique, oblitérée au point de sacrifier lâchement

la vérité même à leurs intérêts mondains. Mais ils sauraient tous que leur ancien confrère, estimé d'eux tous quand il travaillait dans leurs rangs, ne trahit pas, lui, la vérité pour laquelle il a tout sacrifié, tout souffert : la persécution atroce de trois évêques consécutifs de Saint-Claude et de leurs nombreux complices en mitre, en toge, en capuce, etc., etc., durant tout un quart de siècle.

Or, cela dit, voici le fait en question :

Une certaine année, il me plut de me rendre à la retraite ecclésiastique, à laquelle assistaient, dans le grand séminaire, à Lons-le-Saunier, trois cents prêtres du Jura.

Les sermons étaient faits par un Révérend Père jésuite. Il va sans dire aussi que l'évêque de Saint-Claude et ses grands-vicaires, accompagnés de plusieurs chanoines du chapitre épiscopal, assistaient à la retraite, afin de lui donner du relief aux yeux des curés.

Les sermons des trois premiers jours n'offrant rien d'extraordinaire et de scabreux, cela ne vous intéresserait pas, Mesdames et Messieurs, et me ferait d'ailleurs sortir inutilement de mon sujet, si je venais à vous en faire ici l'historique. Ainsi donc, venons-en vite au fait.

Le jeudi matin, quatrième jour de la retraite hebdomadaire, il plut à l'enfant de Loyola, digne en tout de son illustre et fameux frère Escobar, de nous donner un sermon sur la continence ou la virginité sacerdotale.

Il en fit un pompeux éloge, il est vrai ; mais il nous la dépeignit si difficile à pratiquer en vivant, comme

le fait le prêtre, ou vicaire, ou desservant, ou curé,
dans le siècle, au milieu du monde et de ses continuelles séductions, qu'il tenait ladite continence à peu
près comme impossible.

« Et, nous dit-il expressément, pour vous engager
« à ne pas cacher en confession, par une fausse
« honte, un seul de vos péchés d'impureté, même
« avant tout ceux qui sont contre nature, il faut que
« je vous dise ici le résultat de ma propre expérience,
« en tant que prédicateur et confesseur spécial des
« prêtres en retraite. Or, certes, je vais vous parler
« avec une parfaite connaissance de cause, attendu
« que je ne suis pas novice en la question, le diocèse
« de Saint-Claude étant le 57e de France où j'ai déjà
« donné la retraite ecclésiastique. Eh bien ! je vous
« le déclare ici devant Dieu, devant votre auguste
« prélat, devant vos si vénérables grands-vicaires et
« chanoines, devant vous tous, confrères bien aimés :
« en chacun des cinquante-six diocèses où j'ai prêché
« la retraite pastorale, il m'est arrivé de rencontrer
« partout la même proportion dans la chute des
« prêtres séculiers, dans leur violation de la conti-
« nence ou des lois du célibat.

« Cette proportion, la connaissez-vous ? Non, n'est-
« ce pas ? Chacun de vous, ici présent, ne peut ré-
« pondre absolument que pour lui-même. Il se sent
« coupable et croit que son confrère est innocent. De
« là lui vient la tentation de cacher sa misère à son
« confesseur. Que va-t-il penser de moi, se dit-il avec
« angoisse et tremblement ? Que je suis indigne à la
« fois du sacerdoce et de la société de mes chastes et
« vertueux confrères ! Oh ! je ne pourrai jamais

« avouer mes chutes honteuses avec telle ou telle
« pénitente, ou célibataire, ou veuve, ou mariée,
« hélas ! qui s'est offerte ou livrée à moi pour se
« consoler et se dédommager des délaissements, des
« préférences adultères de son mari.

« Voilà, chers confrères, la tentation la plus terrible
« à laquelle un prêtre, ayant péché contre la pureté,
« puisse être exposé : celle de faire une confession
« sacrilège. Eh bien ! pour vous mettre en état de
« triompher d'une aussi fausse et si pernicieuse
« honte, il me suffira de vous révéler la stricte vérité
« sur nos misères sacerdotales. Donc, je vous le
« déclare ici, la proportion des chutes du prêtre est
« de quatre-vingt-dix-neuf pour cent dans l'espace
« d'une année. Oui, sur cent prêtres séculiers, un,
« tout au plus, à force d'abstinence, ou de macéra-
« tions et d'éloignement de toute occasion de pécher,
« parvient à se tenir debout durant un an ; mais les
« quatre-vingt-dix-neuf autres, moins sobres, moins
« mortifiés, moins prudents, glissent à chaque pas
« et finissent par tomber tous un plus ou moins
« grand nombre de fois. Voilà notre exacte situation
« dans les cinquante-six diocèses de France où mes
« supérieurs m'ont envoyé prêcher la retraite ecclé-
« siastique. Ainsi donc, qu'avez-vous désormais à
« craindre après ma révélation conforme à la réalité
« des faits ? Votre confesseur, pécheur autant que
« vous-mêmes et peut-être incomparablement plus
« encore, aura-t-il à s'étonner de vos faiblesses qui
« lui rappelleront les siennes propres ? Il s'étonnerait
« cent fois plutôt, et, certes, à bon droit, vous le
« savez maintenant, de votre innocence à peu près

« exceptionnelle ! Ainsi, bien-aimés confrères, pas
« de fausse honte ! Il faut, et cela vous soulagera
« d'un grand poids, tout déclarer au médecin de
« votre âme. Il saura compatir à votre infirmité,
« vous indiquer le médicament propre à l'amoindrir,
« sinon à la guérir, puisqu'elle est comme incurable. »

Voilà, Mesdames et Messieurs, la révélation qu'en vint à faire à trois cents prêtres du diocèse de Saint-Claude un Révérend Père jésuite !

Or, comme avant le récit j'ai déclaré ce fils de Loyola *digne en tout de son illustre et fameux frère Escobar*, je tiens à justifier ici mon jugement.

Ma tâche est aisée, ainsi que vous l'allez voir.

Trois jours après sa révélation si grave, et qu'il montra néanmoins si consolante à l'égard des prêtres séculiers se connaissant tous, ou du moins quatre-vingt-dix neuf sur cent, comme ayant violé les lois du célibat, l'on nous conduisit en procession, du séminaire à la principale église de la ville.

Avant de sortir du séminaire, un moyen de produire un merveilleux effet sur les populations de Lons-le-Saunier et des villages voisins, qui s'étaient rendues en foule au chef-lieu du département pour jouir de notre spectacle et pour assister ensuite à la prédication d'un si grand orateur, nous fut donné par celui-ci, dans ces termes :

« — Vous allez, bien chers confrères, vous rendre
« à la grande église des Cordeliers, tous vêtus de
« votre beau surplis blanc. Vous marcherez avec
« gravité, les regards tantôt modestement baissés, ce
« qui manifestera votre humilité profonde, et tantôt
« élevés vers le ciel, ce qui désignera votre exclusive

« occupation des choses de Dieu, mais pas un seul
« instant dirigés sur la foule avoisinante ; elle accu-
« serait chez vous une curiosité vaine ou des appétits
« suspects. Vous tiendrez tous à la main droite un
« cierge allumé, symbole .à la fois de la vérité que
« vous prêchez au peuple et de la charité qui vous
« consume à son égard. De cette façon, vous prêche-
« rez cent fois plus éloquemment, par votre port
« humble et majestueux, par votre tenue angélique et
« votre air inspiré, que je ne le ferai moi-même à
« l'église, et du haut de la chaire de vérité, par tous
« les éloges du clergé que vous entendrez de ma bou-
« che, éloges que tout votre extérieur justifiera plei-
« nement aux yeux du peuple assemblé devant nous. »

J'interromps de nouveau mon récit, Mesdames et
Messieurs, par le besoin que j'ai de vous assurer que
je trouvai naturelle et convenable une recommandation pareille. Alors, je ne soupçonnai point qu'elle
pût être un tour d'adresse, un expédient d'Escobar.
Je ne sortis de ma douce illusion qu'une heure après.
Vous allez entendre. Écoutez :

Arrivés à l'église après avoir édifié, conformément
au programme escobardien, les populations qui se
pressaient sur notre passage et contemplaient notre
humilité de commande, on nous rangea tous : les
dignitaires ecclésiastiques dans le sanctuaire, autour
du trône épiscopal, les autres dans le chœur. Nous
entendîmes dévotement la messe, célébrée pontifica-
lement ; puis, après l'offertoire, notre prédicateur de
la retraite aborda la chaire dite *de vérité*.

Devineriez-vous le sujet qu'il osa traiter devant les
trois cents prêtres du sanctuaire et du chœur, et de-

. vant les quatre à cinq mille auditeurs laïcs accourus
pour l'entendre ?

Eh bien ! il traita de la continence sacerdotale.

Or, son discours emphatique et pompeux, dans lequel il vanta chaleureusement les vertus angéliques
du clergé haut et bas, fut absolument la contre-partie
exacte et sans restriction de ce qu'il nous avait dit
trois jours anparavant. Après avoir dépeint les prêtres comme étant bien au-dessus des anges, puisqu'ils
pratiquaient librement leur continence forcée, il
apostropha les détracteurs du prêtre, au moyen de
cette audacieuse et véhémente sortie :

« — Et qui donc, mes frères, comptons-nous parmi
« nos calomniateurs ? Deux sortes de gens à coup
« sûr, et seulement ces deux sortes-là. D'une part, ce
« sont les athées, les matérialistes, les sceptiques,
« lesquels, vivant sans Dieu, partant sans conscience
« et sans les lois qui la dirigent, ne sauraient com-
« prendre les nobles sentiments poussant le prêtre,
« ou le représentant de Dieu sur terre, à pratiquer
« cette vertu sublime ; et, d'autre part, ce sont les
« voluptueux, les débauchés, les hommes perdus de
« mœurs, corrompus de la tête aux pieds et jusqu'à
« la moëlle des os. Voilà, mes frères, ceux qui nous
« calomnient ! « Or, pour les confondre ignominieu-
« sement, je veux leur faire ici la part belle, et je
« leur dis :

« Vous qui ne croyez pas à la vertu du prêtre et
« qui la niez à toute occasion, parce que vous n'avez
« pas le courage et la foi pour la pratiquer, cette
« même vertu, donnez-nous donc, je vous en prie,

« une preuve acceptable, et non point de vagues
« accusations sans fondement, de nos prétendus
« désordres ! Cette preuve, irez-vous la chercher
« dans les annales judiciaires des cours d'assises ou
« des tribunaux correctionnels ? Vous arriveriez
« peut-être à trouver, que sais-je, une vingtaine au
« plus de malheureux qui, dans le cours d'une année,
« auraient méconnu les devoirs de leur saint état.
« Et quand même, au lieu de vingt, vous en trouve-
« riez un cent, ce qui ferait deux environ par semai-
« ne, — or, vous savez fort bien que cela n'est pas, —
« auriez-vous le droit de nous accuser en masse ?
« Oubliez-vous donc que nous sommes cent mille
« en France ? Et quand, sur cent mille prêtres, vivant
« dans le siècle en combattant jour et nuit sur la
« brèche, ou vivant dans le cloître en priant pour
« leurs valeureux frères exposés aux coups de l'en-
« nemi, vous découvrez cent blessés, vous vous
« écriez que l'armée entière est écrasée ? Est-ce qu'un
« sur mille est suffisant pour vous autoriser à tenir
« les neuf cent quatre-vingt-dix-neuf autres comme
« hors de combat ? Votre accusation, Messieurs les
« athées, Messieurs les impudiques et débauchés,
« qui nous attribuez vos vices, est plus insensée, à
« tout bien considérer, que méchante encore et pleine
« absolument de mauvaise foi.

« Je ne saurais, avec vous, m'en tenir même à cette
« concession d'un prêtre infidèle et taré sur mille, —
« or, cependant, vous ne pourriez établir qu'il
« en est plus d'un par cinq mille, — et pour vous
« fermer la bouche à jamais, je suis prêt à vous faire
« une concession bien autrement large et généreuse.

« Oh ! pardon, vénérés confrères ici présents au
« nombre de trois cents, pardon, mille fois pardon
« pour cette prétendue concession. Ne la prenez pas
« au pied de la lettre ; elle est purement imaginaire,
« hypothéthique, et je déclare hautement que vous
« ne la méritez pas. C'est dans l'unique intérêt de
« notre honneur sacerdotal à défendre, à venger,
« que je vous supplie ici de me laisser émettre une
« supposition contraire à la réalité, mais qui réduira
« nos détracteurs honteux au silence.

« Eh bien ! fils d'Epicure, ou de Voltaire, ou de
« Jean-Jacques, ou de Diderot, et *tutti quanti*, je
« viens, après en avoir demandé la permission à mes
« trois cents confrères du Jura, vous exprimer mon
« hypothèse. Ainsi donc, je veux supposer que, non
« plus sur cinq mille ou sur un millier, mais bien sur
« chaque centaine, il se trouve un prêtre impur,
« assez malheureux pour vous ressembler ; car, si
« vous étiez purs vous-mêmes vous en auriez com-
« passion au lieu de l'exploiter pour nous condam-
« ner tous avec lui ; de ce fait, quelle est votre con-
« clusion ? Si le berger s'aperçoit qu'il existe une
« brebis galeuse au milieu des cent bêtes de son trou-
« peau, que fait-il ? Il la met à part pour que nulle
« autre ne prenne du mal à son contact, et il fait
« tous ses efforts pour guérir la brebis malade. Et
« que font pareillement nos évêques, ces bergers
« spirituels chargés de paître aussi le troupeau du
« Christ, quand ils savent qu'un de leurs préposés à la
« bergerie est atteint de quelque mal ? Ils l'envoient
« à l'infirmerie, où l'on prend soin de son infirmité ,
« je veux dire en quelque maison religieuse ou bien

« au grand séminaire. Or,là, dans la solitude et le
« recueillement, il arrive assez vite à la guérison.
« Mais vous, au contraire, avez soin de dire à vos
« pareils, et à tous les badauds vous tenant pour des
« oracles, que nous sommes tous des galeux !

« Quoi ! pour 1 prêtre ayant forfait à son devoir,
« vous en condamnez 99 avec lui ? Mais où donc est
« votre équité ? Qu'un médecin ou qu'un pharmacien
« empoisonne un client ; qu'un notaire ou qu'un
« banquier fasse un faux pour voler ; qu'un juge ou
« qu'un magistrat de l'ordre civil rende un décret
« injuste ; enfin, qu'un industriel ou qu'un négociant,
« pour centupler sa fortune, en vienne à faire une
« banqueroute frauduleuse ; et que tous ces gens-là :
« le médecin, le pharmacien, le notaire, le banquier,
« le juge, le magistrat civil, l'industriel, le négociant,
« trouvés fautifs, soient condamnés au bagne ; — vous
« le savez, il est des galériens de toutes ces profes-
« sions, — en concluez-vous que 99 médecins et phar-
« maciens sur 100 sont des empoisonneurs ? Que 99
« notaires ou banquiers sur 100 sont des faussaires ?
« Que 99 juges et magistrats sur 100 sont des hommes
« iniques ? Que 99 industriels et négociants sur 100
« sont des banqueroutiers frauduleux ? Une idée
« aussi bizarre, aussi dépourvue à la fois de bon
« sens et d'équité, ne peut entrer que dans l'imagina-
« tion d'un fou.

« Ce sera donc le prêtre uniquement que vous ren-
« drez solidaire ? Et tous les membres du clergé se-
« ront, à vos yeux, coupables à la place d'un seul ?
« Est-ce assez de stupidité méchante ? Et qui donc,
« pour la trahison de Judas seul, a songé le moins

« du monde à qualifier de traîtres les onze autres
« apôtres ? Allons, nos détracteurs, vous n'êtes pas
« simplement méchants et pervers, vous êtes des
« insensés, et des insensés du plus bas degré !

« Maintenant que nous avons moralement terrassé
« nos lâches ennemis, j'en reviens à vous, mes trois
« cents bien-aimés et si vertueux confrères du Jura ;
«. j'en reviens à vous rendre entièrement la supposi-
« tion que je vous empruntais pour quelques minutes,
« afin de la jeter en jeu sur le tapis de nos calomnia-
« teurs. Je la reprends, cette hypothèse, et je déclare
« hardiment que, non seulement il n'est point parmi
« vous un prêtre impur sur cent, mais qu'il n'existe
« pas même au sein des trois cents prêtres augustes
« rassemblés ici sous les regards de Dieu même, et
« sous les yeux paternels du saint prélat qui s'enor-
« gueillit avec droit de posséder de si vertueux, de
« si zélés coopérateurs de sa charge épiscopale. »

Arrêtons-nous, Mesdames et Messieurs, faute de
temps. D'ailleurs, à quoi bon poursuivre ? Un pareil
exposé ne suffit-il pas à vous faire apprécier la bonne
foi jésuitique ? Eh quoi ! le prédicateur nous affirmait,
le jeudi matin, que 99 prêtres sur 100 violent la continence, et, le dimanche, à trois jours d'intervalle, il
affirmait que 999 prêtres sur 1,000 observent ladite
continence avec fidélité ! C'est devant les trois cents
mêmes prêtres, vicaires, desservants, curés, doyens,
directeurs des petits séminaires et du grand, aumô-
niers de nonnes, chanoines, vicaires-généraux, et
devant le même prélat, que le même prédicateur
affirma sur le même sujet le pour et le contre !

Oh ! jésuite imposteur ! Oh ! lâche évêque autorisant le mensonge ! Oh ! vous tous, membres du clergé séculier, qui ne vous soulevez pas comme un seul homme afin de briser le joug honteux d'hypocrisie et d'immoralité qu'appesantit sur vous, aujourdlhui plus que jamais, l'épiscopat dévoyé de l'Évangile et de la tradition, l'épiscopat adulateur du faux prince des prêtres, lui-même esclave adulé, choyé, doré, de la bande infernale ayant pour chef le digne successeur de Loyola ; vous tous, pharisiens hypocrites de nos jours, scribes du peuple et ses trompeurs, tremblez ! Votre heure est venue ; elle a sonné. Je veux, même au· péril de tout mon sang, dont l'un de vos adhérents m'inondait déjà le 28 juillet 1870, je veux vous révéler tels que vous êtes ! Venez à moi, prêtres au cœur droit ! Nous serons à peine un contre vingt ; mais, ayant pour nous la justice et la vérité, la franchise et le mariage avec des mœurs pures, nous triompherons de l'iniquité, du mensonge, de l'hypocrisie et de l'immoralité des faux continents qu'un jésuite a déclaré se trouver dans la proportion de 99 sur 100 ! (*Bravos enthousiastes ; applaudissements prolongés.*)

Aussi, qui pourrait énumérer le nombre des époux dont l'honneur marital, dont l'accord avec leur femme, ont pour jamais été brisés par le célibat du clergé ? Je me borne à jeter cette pensée à vos réflexions. Que chacun repasse en son esprit les faits qu'il connaît, et il appréciera la situation.

Quant au déshonneur d'une jeune personne, il peut se recouvrer par le mariage, alors qu'il est le fait d'un laïque célibataire ou d'un veuf.

Mais, quand il est le fait d'un prêtre, — et c'est très

fréquent, d'après l'aveu du jésuite et d'après toutes les données de l'expérience en tous les pays possédant un clergé célibataire, — est-ce que ce déshonneur est réparable ? Ainsi donc, pères et mères, vous voyez que, sans entrer dans les détails scabreux d'aucun fait impur du clergé, j'ai suffisamment établi que son fameux célibat est nuisible à la famille.

3º Le célibat est nuisible à la religion.

Quoi donc peut le mieux affermir la religion, si ce n'est le parfait accord entre la conduite et les discours du prêtre ? Est-ce que l'on peut croire à l'enseignement du moraliste, alors qu'on le voit fouler lui-même aux pieds ledit enseignement par ses propres actes ? Que des écrivains, comme Chateaubriand et d'autres, fassent de la continence et de la virginité les plus poétiques descriptions ; que des prédicateurs, intéressés à voir pulluler les prêtres et les couvents, élèvent ces prétendues vertus au-dessus de celles des anges, qu'est-ce que cela prouve aux yeux des populations, dont la logique inexorable examine uniquement les faits pour en tirer des conséquences rigoureuses ?

Qu'un prêtre avant tout prêche d'exemple, ainsi que l'a fait le Christ, l'on croit à ses instructions. Mais si l'on ne voit dans son pasteur qu'un débauché, qu'un hypocrite, est-ce que l'on pourra croire à ses enseignements ?

Dans les contrées où le prêtre est marié, les familles n'ayant rien à redouter de leur pasteur, lequel, chérissant sa femme et voulant la voir respectée, est loin de songer à manquer à celle d'autrui, puis qui, de même, appréciant sa qualité de père et le trésor possédé dans ses enfants, serait saisi d'horreur et d'épouvante à la seule pensée de souiller ceux de son prochain, ces familles, dis-je, sont pleines de confiance en la parfaite honnêteté de leur prêtre. Elles le considèrent comme un ami, comme un modèle, et d'époux, et de père, et reçoivent à l'envi ses instructions, confirmées d'ailleurs par sa conduite.

Ainsi donc, le célibat, presque toujours violé par le prêtre, est nuisible à la religion.

4º Le célibat est nuisible à la patrie, à la société tout entière.

En effet, si l'homme n'a pas été créé de Dieu pour vivre en sauvage, et si l'état social est une institution de la Providence, il en résulte que tout homme appelé, pour son compte, à jouir des avantages et des secours de la société, doit réciproquement lui fournir son contingent, participer à ses charges, se vouer au bonheur de ceux avec lesquels il vit.

Mais, dans la grande société de la famille humaine, on distingue divers groupes, ayant les mêmes habitudes, les mêmes intérêts généraux, parlant le même langage, habitant le même climat et vivant sous les mêmes lois. Ces groupes s'appellent nations, et celle à laquelle appartient chaque individu constitue alors pour lui la patrie.

Patrie ! Tel est le nom magique et sacré qui fait battre de l'émotion la plus douce et la plus magnanime absolument tout ce qui porte un cœur d'homme, à ce point que la vie propre n'est plus rien quand il s'agit de l'immoler au salut de la patrie, et qu'hésiter en pareil cas serait, à bon droit, s'attirer la flétrissante qualification de lâche ou de traître !

Eh bien ! le clergé célibataire est un corps militant qui n'a d'autre affection qu'à Rome, où réside son chef, dont le mot d'ordre est la règle de sa conscience. Ainsi sa patrie est uniquement Rome.

La désaffection du pays natal, de la patrie, en un mot, est tellement ancrée au cœur du prêtre et du moine, aujourd'hui, qu'il ne peut songer même à la préférer aux intérêts de la papauté. Peut-il lui venir à l'esprit de s'insurger contre tout l'épiscopat, ce prêtre qui dépend totalement, et quant à sa subsistance, et quant à son propre honneur, de l'arbitraire d'un évêque ? Est-ce qu'il peut, soit pour une cause ou pour une autre, opposer la moindre résistance à son chef absolu, quand il sait que les tribunaux le traiteraient en paria, le tiendraient pour un rebelle et le condamneraient malgré son droit ? Comment ce prêtre avili, maltraité, pourra-t-il jamais soutenir sa patrie avec amour dans les luttes soulevées entre elle et la papauté, par les envahissements de cette dernière ?

Et si le clergé français n'avait pas eu plus souci des intérêts de la papauté que de ceux de sa patrie infortunée, est-ce qu'il eût songé, l'an dernier, après tant de désastres de la France, à l'engager presque dans une guerre avec l'Italie, à l'effet de rendre un trône sacrilège à sa vieille idole du Vatican, à ce Dieu Moloch toujours prêt à recevoir des victimes humaines en holocauste ? *(Bravo ! bravo !)*

Outre que le prêtre célibataire est toujours prêt à sacrifier sa patrie au pape, il cause encore à ladite patrie un dommage extrêmement notable, et tout spécial, par le fait direct du célibat.

Pour m'en tenir à la France, eh bien ! si les soixante-dix mille prêtres du clergé séculier, les trente mille moines de tous Ordres et les cent mille religieuses de toutes dénominations, qu'elle nourrit, venaient à se marier, et si chacun de ces cent mille mariages avait une moyenne de quatre enfants qui, grâce à l'éducation de leurs pères et mères, seraient élevés convenablement, pense-t-on que cet état de choses ne fût pas très profitable aux intérêts de la nation ? A là campagne, surtout, chaque famille ne prendrait-elle pas celle du prêtre pour modèle ? Le prêtre marié ne serait-il pas plus en état de conseiller, suivant sa propre expérience des devoirs du père et de l'époux, les membres de son troupeau, que ne l'est tout prêtre célibataire à qui sont inconnus les mêmes devoirs d'époux et de père ?

Avant trente années, la révolution morale la plus féconde en résultats heureux serait opérée en France. En effet, ces cent mille prêtres et moines et ces cent mille nonnes mariés deviendraient, par le seul fait du mariage, aussi dévoués à la patrie, offrant tant de ressources à leurs enfants à venir, qu'ils étaient dévoués auparavant à Rome. Or, c'est le célibat qui seul met obstacle à ce bienfait incalculable, et la papauté ne le maintient, ce célibat monstrueux, que dans son infernal égoïsme. Et cela suffit pour démontrer que l'Eglise papale, cette grande ennemie de Dieu, mérite autant l'exécration de tous les vrais patriotes, n'importent leurs croyances religieuses, que l'horreur des chrétiens sincères !

Vous avoir dépeint le célibat, Mesdames et Messieurs, comme *nuisible au prêtre*, à *la famille*, à *la*

religion, à *la patrie* et à *la société,* c'est vous l'avoir
montré *nuisible à tout le monde,* et c'était le sujet de
cette deuxième conférence. Or, je dois, dans la troisième et dernière, exposer les motifs qui portent
Rome et tout son épiscopat à maintenir cette institution à la fois *immorale* et *nuisible.*

Troisième Conférence.

MESDAMES et MESSIEURS,

Pour comprendre et sentir combien l'Eglise établissant, mais surtout maintenant contre l'expérience
un célibat si grandement *immoral* et *nuisible,* est
criminelle aux yeux de Dieu même et devant les individus et les nations, il est nécessaire avant tout
d'exposer les maux innombrables dont cette institution a, durant tant de siècles, été la cause, et les motifs qui, bien qu'elle ait connu parfaitement ces maux
infinis, ont porté cette Eglise immorale à maintenir
quand même un pareil état de choses, d'accord en
cela, d'ailleurs, avec les despotes, avec les dominateurs des peuples.

D'abord, constatons que, dans tous les temps et
tous les lieux où les évêques, se conformant au pré-
cepte du Christ, à la recommandation de son apôtre
Pierre de n'avoir point de chefs dominateurs « *neque*
« *dominantes in clero,* » mais d'être égaux et frères,

comme on le pratiquait dans la primitive Eglise, alors ces mêmes évêques, ainsi que les prêtres, étaient généralement mariés. Ce fut, durant les trois premiers siècles de l'Eglise, une conduite universelle. Or, si l'on rencontre aussi quelques prêtres célibataires durant cette période assurément la plus glorieuse de notre ère, on ne peut en conclure absolument rien contre ma thèse, attendu que ces prêtres exceptionnels pratiquaient un célibat *non forcé*, mais volontaire. *(Très bien ! très bien !)*

Dans les trois siècles suivants, pas de lois ordonnant aux prêtres le célibat. On ne le voit imposé qu'aux seuls moines, lesquels, il est vrai, commencent de toutes parts à pulluler.

Mais, à dater du VIIe siècle, où le successeur de saint Grégoire le Grand, prédicateur de la parfaite égalité de tous les évêques de l'univers, l'ambitieux Boniface III, d'un esprit diamétralement contraire à celui de son prédécesseur, sollicita de l'empereur Phocas, pour lui-même et pour tous les évêques de Rome appelés à lui succéder, le titre orgueilleux d'é-vêque *universel*, dénié si justement à celui de Constantinople, on voit, parallèlement aux prétentions des pontifes romains, surgir chez les évêques d'Occident le projet de prescrire aux prêtres le célibat. Il s'en suivit des révoltes partielles et des soumissions hypocrites. Les révoltes furent étouffées par le despotisme épiscopal, toujours appuyé du despotisme impérial ou royal. Quant aux soumissions forcées, elles amenèrent un débordement de mœurs incomparable, au point que saint Boniface, apôtre de l'Allemagne, au VIIIe siècle, écrivant à Cutbert, arche-

vêque de Cantorbéry, lui dit : « Votre Eglise d'An-
« gleterre est décriée à cause de certains· désordres
« auxquels on pourrait remédier si un concile et vos
« princes *défendaient aux femmes et aux religieu-*
« *ses les fréquents voyages à Rome. La plupart y*
« *perdent leur honneur, et c'est, pour toute l'Eglise,*
« *un grand scandale.* »

Ainsi, vous le voyez. Rome, au VIIIe siècle, était
déjà, pour les femmes et les religieuses, un lieu de
perdition.

Quant aux deux siècles suivants, ils furent une
époque de luxure effrénée. On y voit la plupart des
pontifes de Rome à peu près uniquement signalés par
des actions criminelles qui les couvriront d'un éternel déshonneur. « Le IXe siècle, écrit Baronius, vit
« sur la chaire de saint Pierre, trône de Jésus-Christ,
« des hommes monstrueux, d'une vie infâme, de
« mœurs entièrement perdues et d'une turpitude
« abominable. » Il continue, en parlant des papes du
siècle suivant, qui surpassèrent les derniers en in-
famie :

« Que la face de l'Eglise romaine était hideuse,
« alors, sous la tyrannie des plus infâmes prosti-
« tuées ! Qui pourrait compter, parmi les papes légi-
« times, les galants de ces femmes impudiques ? Et
« quelles gens pensez-vous que fussent les prêtres, les
« diacres, les cardinaux élus par ces monstres? »
(*Hourras d'applaudissements.*)

Eh bien ! savez-vous de qui vous applaudissez si
chaleureusement le langage? Est-ce celui d'un civil,
d'un profane, enfin, d'un historien connu par son
esprit hostile à la papauté ? Bien loin de là. Baronius

était un jésuite, un prince de l'Eglise, un cardinal vêtu de la pourpre romaine. Ainsi donc nos cléricaux ne viendront pas me reprocher de ne point aimer la vérité, puisque je l'accueille avec plaisir de quelle bouche ou de quelle plume elle m'arrive, et même de celle d'un *jésuite !* (*Applaudissements ré* `pétés. — Bravos énergiques.)

Des sommités de la hiérarchie pontificale, le désordre, ainsi qu'un mal contagieux, descendit jusqu'à ses dernières ramifications.

Les évêques passaient leur vie dans les festins, la luxure, la chasse et la guerre.

Les prêtres et les moines dissipaient honteusement les revenus de l'Eglise avec leurs maîtresses, et, la simonie régnant partout, les sujets les plus indignes arrivaient fréquemment à la tiare. Il serait trop long, et surtout trop indécent, de vous énumérer ici les turpitudes cléricales, monacales, sacerdotales, épiscopales et papales de cette époque, Or, le même cardinal jésuite Baronius, dans ses *Annales ecclésiastiques,* tome X, 1049, les résume en ces mots expressifs : « *Toute chair avait corrompu sa voie. Un dé-* « *luge n'eût pas été suffisant à purifier de telles* « *ordures.* »

Un autre cardinal, Pierre Damien, évêque d'Ostie, qui fut le plus ardent champion de la réforme des mœurs du clergé sous Hildebrand, le fameux Grégoire VII, composa, sur ce triste sujet, son livre intitulé : « *Gomorrheus,* le *Gomorrhéen,* » qu'il dédiait, en 1034, au pape Léon IX.

Les défenses de se marier, faites aux prêtres par une foule de conciles provinciaux, défenses presque toujours éludées en cachette et mettant ainsi l'hypocrisie où se trouvait auparavant la sincérité, furent la source, en tous lieux, de tels désordres, que l'on comptait jusqu'à sept cents prêtres concubinaires par diocèse.

Au lieu d'ouvrir les yeux sur les abus de défenses si pernicieuses, la papauté, qui ne fut pas souvent conduite par l'Esprit-Saint, mais beaucoup plus fréquemment par l'esprit de l'orgueil, de la cupidité, de la domination, finit par établir, à l'aide du même Hildebrand, dont elle a fait saint Grégoire VII, le *célibat obligatoire*. Hélas ! cette papauté qui, durant les deux siècles précédents, n'avait donné, dans ses nombreux titulaires, que des exemples de lubricité, crut, par l'institution du célibat clérical obligatoire, apporter un remède efficace aux vices des évêques et des prêtres. Elle ne fit que les accroître et les surexciter en les couvrant, ainsi que je l'ai dit, du voile honteux de l'hypocrisie. (*Oui! bravo! très bien !*)

Dans le XIIe siècle, au concile de Latran de l'an 1179, il est statué que, dans les visites ecclésiastiques, l'archevêque ne pourra, désormais, avoir à sa suite au delà de cinquante chevaux, l'évêque au delà de trente, et le légat plus de vingt-cinq. J'en suis à me demander quel nombre ils pouvaient donc traîner avant ce concile effrayé par le luxe épiscopal ?

Le célèbre Abbé de Clairvaux, saint Bernard, vivant dans ce même siècle, écrivait au pape Eugène III : « Ton siège est le domicile des démons « plutôt que le parc des brebis. »

Il s'écrie ailleurs :

« Si, comme Ezéchiel, nous percions la muraille

« du sanctuaire afin de voir les horreurs qui se
« commettent dans la maison de Dieu, peut-être y
« découvririons-nous les abominations les plus dé-
« testables. Pourquoi fait-on ce que l'apôtre n'a pas
« même jugé convenable de nommer ? O malheur !
« malheur ! L'ennemi des hommes a fait voler de
« toutes parts les affreux restes de cet incendie de
« soufre qui consuma les villes abominables. Il a
« couvert le corps de l'Eglise de cette cendre exé-
« crable. »

Pierre de Blois, après avoir fait, des mœurs du
clergé de son époque, une peinture impossible à
reproduire ici, dit : « Aujourd'hui la fréquentation
« des prêtres est la ruine des peuples. »

Au XIIIe siècle, Guillaume Durand, évêque de
Mende, écrit que des femmes publiques s'établissaient
aux environs des églises, à la cour de Rome, auprès
du palais papal et des demeures des évêques, et que
les officiers du pape acceptaient de l'argent de ces
infâmes.

Vous me paraissez, Mesdames et Messieurs, étonnés
de ce langage ; or, sachez que tous les crimes
étaient permis à Rome ou rachetés à prix d'argent.
La quotité même en était réglée expressément par
un tarif spécial : tant pour tel crime, et tant pour
tel autre. (*Rires de plusieurs auditeurs.*) Ah ! ce
n'est pas pour exciter l'hilarité que je vous fais de
pareilles révélations ; c'est pour vous montrer qu'une
Eglise obligeant ses ministres au célibat, puis spé-
culant sur leurs débauches ainsi forcées, est une
Eglise évidemment digne en tout de l'exécration des
honnêtes gens. (*De toutes parts, d'énergiques bravo.*)

L'évêque de Mende, alors, ne voyait pas d'autre
moyen (et ni moi non plus, encore aujourd'hui) de
guérir le chancre hideux dévorant l'Eglise et son
clergé, sinon de permettre aux ecclésiastiques de se
marier, d'établir l'Eglise occidentale absolument sur
le pied des Eglises d'Orient, *d'autant plus*, ajoute-
t-il, *que c'était la coutume du temps des apôtres.*

Tous les historiens des XIVe, XVe et XVIe siècles
nous montrent le haut et le bas clergé de cette époque aussi corrompus que ceux des siècles antérieurs.

Au XVIe siècle, est-ce la papauté qui prend soin
de réformer les mœurs du clergé d'Occident ? Non ;
c'est bien là, certes, le dernier de ses soucis.

Mais un savant et courageux moine, indigné de
voir tant de profanations dans le sanctuaire, et désireux d'en indiquer le seul remède absolu, se lève
aussitôt pour obéir aux ordres impérieux de sa conscience. Or, sa voix, terrible alors comme le rugisse-
ment du lion au désert, réveille en sursaut la vieille
Germanie. Que demande à grands cris le vaillant
Luther, pour la régénération d'une Eglise avilie au
dernier des degrés ? Ce qu'il demande ? Avant tout,
c'est le mariage des prêtres, c'est l'abolition du vœu
de chasteté ; c'est la fermeture immédiate, et sans
exception, des couvents d'hommes et de femmes, ces
repaires d'hypocrisies, d'abus de tous genres, de débauches gomorrhéennes ! (*Bravos universels.*)

A l'encontre de Luther dévoilant le désordre afin
d'y remédier, que fait l'Eglise romaine assemblée en
concile à Trente, dans le Tyrol ?

Continuant son aveuglement déjà cinq fois sécu-
laire, elle déclare « *Anathème qui dira que tous*

« *ceux qui ne reconnaissent pas avoir le don de*
« *chasteté (lors même qu'ils en auraient fait le*
« *vœu), peuvent contracter mariage.* »

En vain tu lances tes anathèmes impuissants sur
les cœurs droits, Eglise apostate de l'Evangile et de
la vérité ! L'exemple du chrétien Luther, épousant la
nonne Catherine de Bora, n'en devient pas moins
entraînant pour des milliers de captifs brisant ton
joug insupportable, ignoble, afin d'embrasser celui
du Christ, à la fois doux et glorieux ! *(Bravo !)*

Voilà pourquoi l'Angleterre, l'Ecosse, les Pays-Bas,
la Russie, la Scandinavie, les parties de l'Allemagne,
de la Suisse et de la France ayant secoué les erreurs
de Rome, et dont les pasteurs se sont conformés, par
le mariage, aux prescriptions de la nature, à l'esprit
de l'Evangile, aux exemples des apôtres, des évêques,
des prêtres de la primitive Eglise, sont des contrées
cent fois plus morales que l'Espagne, l'Italie, la
Bavière, l'Autriche, l'Irlande, et tous les pays où les
prêtres sont forcés à ton impur célibat !

A présent, il est temps de dévoiler la politique anti-
chrétienne, anti-sociale et suréminemment égoïste
avant tout, de l'Église établissant et maintenant cet
état contre nature.

Or, c'est depuis que ladite Eglise a voulu sérieuse-
ment asseoir sa double usurpation d'autorité, la spirituelle et la temporelle, au mépris des maximes du
Christ, qu'elle a prescrit le célibat aux prêtres d'Occident comme un moyen sûr d'arriver à ses fins.

Outre que le célibat, ainsi que je l'ai montré dans
ma deuxième conférence, attache uniquement le
prêtre à Rome, en le désaffectionnant de sa patrie, il

le livre entièrement à l'absolutisme épiscopal. En
effet, les évêques sont omnipotents à retenir ·le bas
clergé sous leur férule, au moyen du célibat presque
impossible à garder. N'est-ce pas l'épée de Damoclès
continuellement suspendue, à l'aide d'un simple fil,
sur la tête à moitié rasée du prêtre ? Et si l'évêque,
alors, veut, pour le gouvernement de son diocèse,
employer une mesure arbitraire, ou s'il veut exiger
de ses curés des choses contraires à leur conscience,
ou simplement à leurs droits, n'a-t-il pas en mains
tout ce qu'il faut pour briser leur résistance ? Est-il
difficile à l'évêque, aidé de ses plus fidèles serviteurs,
chiens couchants qui flattent le maître afin d'en
obtenir les meilleurs emplois, d'ourdir une calomnie
qui lui permette aussitôt, sinon devant le Dieu
clérical dont il ne s'inquiète guère, au moins devant
le public dont il craint la réprobation, de sévir contre
le prétendu rebelle ? Ainsi donc le célibat est une
arme invincible et meurtrière, en faveur de l'évêque,
au détriment du prêtre innocent.

Quant au prêtre immoral ou débauché, le célibat
est pour l'évêque un moyen d'acheter sa conscience.

En effet, l'évêque est toujours sûr de l'assentiment
du mauvais prêtre à la domination épiscopale. Il le
tient sous sa férule en lui promettant l'indulgence au
sujet de ses désordres, pourvu qu'il soit assez prudent
pour ne point les faire éclater dans le public, et
surtout devant les tribunaux de police correctionnelle
ou des cours d'assises.

Et, bien que mes anciennes relations avec plus de
vingt mille prêtres : Français, Alsaciens-Lorrains,
Belges, Luxembourgeois, Bavarois, Suisses, Italiens,

etc., m'autorisent à vous affirmer que je parle ici de science absolument certaine, il est bon cependant que je vous confirme aussi mes paroles par cet extrait d'une lettre que vient de m'adresser une vénérable dame âgée, auteur distingué de beaux ouvrages. La voici donc :

« Il est évident, pour tout esprit non prévenu, que
« les doctrines ultramontaines ont fait à la religion
« catholique un mal inouï, qu'elles ont porté un coup
« mortel à la foi, et brisé l'appui social que les
« peuples rencontrent dans de nobles croyances.

« A l'abri de ces doctrines insensées, protégé
« quand même par les coryphées papalins, le clergé
« français a vu décroître graduellement son niveau
« intellectuel et moral. Un prêtre infesté de roma-
« nisme, ou s'affichant tel, fût-il un scandaleux co-
« quin, est reconnu participant, pour sa petite dose,
« à l'infaillibilité du chef. Votre ancien évêque de
« Saint-Claude, M. Mabile, est spécial pour ces
« honteuses complaisances. En mettant de côté les
« commérages et les calomnies, voilà six ans qu'il se
« passe publiquement à..... des choses incroyables...,
« et cependant le prêtre coupable de tant d'ignobles
« méfaits marche la tête haute, tient le milieu de la
« chaussée et se moque audacieusement du qu'en
« dira-t-on.... Qui donc oserait y toucher ?... Il est
« ultramontain passionné ; il collabore, ou il est
« censé collaborer à un journal de la coterie ; il est
« protégé par Monseigneur Mermillod, etc., etc. ; on
« ne saurait le traiter comme le premier venu. Au
« début des écarts de ce triste personnage, il sou-
« levait un sentiment général d'indignation. Aujour-

« d'hui ce n'est plus cela. On en rit, on le méprise,
« et la religion qu'il représente partage cet effroyable
« discrédit.

« Le fait particulier se repète, dit-on, sur tous les
« points de la France. On se plaint partout que le
« prêtre voué au célibat, injustement privé de la fa-
« mille légale, se crée des liaisons scandaleuses,
« tantôt à l'aide de la confession, tantôt par la fré-
« quentation d'un monde léger et corrompu ; mais
« pourvu que ces hommes là soient ultramontains,
« on ferme les yeux, et, selon le degré de leur ultra-
« montanisme, ils peuvent sans péril franchir toutes
« les bornes de la bienséance cléricale, tandis qu'on
« interdit, qu'on pourchasse, qu'on abreuve de ca-
« lomnies le prêtre dont la conscience réprouve la
« promulgation d'absurdités révoltantes.

« Oh ! comme cette misérable coterie d'ultramon-
« tains a défiguré, abaissé notre religion !... L'Eglise
« catholique se relèvera-t-elle de cet abaissement ?
« Quelquefois je me prends à douter.... Le mal est si
« grand, si profond, si général !... Le cri de réforme
« n'est pas celui qui s'échappe le plus volontiers des
« poitrines françaises.... Oh ! non... Destruction plu-
« tôt que réforme. «

Voilà ce que pense une femme supérieure, auteur
éminent dont je recevais la lettre hier matin.

Je n'en suis pas, comme elle, au simple doute à
l'égard d'une réforme de l'Eglise papale. A mes
yeux, une telle réforme est radicalement impossible.
Il faudrait que cette Eglise en vînt à renoncer, non
pas seulement au dernier dogme du 18 juillet 1870,
l'infaillibilité papale, il faudrait qu'elle en vînt à

condamner tous ses prétendus conciles œcuméniques, toutes ses institutions immorales , le célibat et la confession auriculaire, instruments de sa double usurpation spirituelle et temporelle. Il faudrait qu'elle engageât les Églises mêmes de l'Orient à revenir en toute franchise au pur Evangile, à l'unique Eglise primitive, antérieure à tout concile, et qu'elle rejetât toute infaillibilité d'homme ou d'assemblée humaine, afin de reconnaître en Dieu seul l'infaillibilité nécessaire à courber, à diriger une conscience essentiellement individuelle et libre. Or, cette Eglise est impuissante à se déjuger elle-même, et, conséquemment, à se réformer. Forcément donc, nous devons la laisser livrée à son malheureux sort qui sera, dans un avenir plus ou moins éloigné, sa destruction totale.

Or, un moyen d'amener au plus tôt cette destruction si désirable est de remplacer l'Eglise immorale et menteuse par la société générale, universelle, internationale, des honnêtes gens, les amis de la seule vérité.

Mais, avant de développer ce sujet, qui m'est inspiré par la lettre en question, je dois vous exposer ce qui, lors du concile de Trente, empêcha la papauté d'abolir le célibat clérical, source de tant de désordres scandaleux ou secrets.

Ce n'est pas moi qui vous le dirai de mon chef, — les jésuites pourraient me qualifier de calomniateur — c'est un prince de l'Eglise, oui, le cardinal Rodolphe Pie Carpi, qui va parler pour moi.

Ledit concile ayant été suspendu l'an 1561, et Pie IV ayant dû tenir un consistoire afin de répondre à l'épiscopat français demandant l'abolition du célibat, le cardinal Pie Carpi défendit ainsi l'abominable institution :

« Si l'on permettait aux prêtres de se marier, l'in-
« térêt de la famille, l'amour pour la femme et les
« enfants,les soustrairaient à la dépendance du pape,
« afin de les soumettre à leur prince.Or, la tendresse
« pour les enfants les ferait condescendre à tout, au
« préjudice de leur Eglise. Ils chercheraient à rendre
« leurs bénéfices (cures) héréditaires, et, sous peu
« l'autorité du Saint-Siège se bornerait à la ville de
« Rome. Avant l'institution du célibat, le pape ne
« tirait aucun revenu des autres villes et des autres
« provinces ; mais, depuis l'établissement de cette
« loi, Rome a été mise en possession de conférer un
« grand nombre de bénéfices, ce dont elle serait
« bientôt privée si l'on permettait le mariage des
« prêtres. »

Eh bien ! quel nom donner à cette Eglise assez cynique, en vérité, pour faire ainsi de la religion, de la foi, de la vertu de ses ministres,enfin de la morale et de la justice, uniquement une question d'argent et d'autorité ?

Elle se dit la *Mère* des fidèles ; je la nomme horrible *Marâtre !*

Elle se dit l'*Epouse* du Christ ; je l'appelle *Esclave* de Judas !.

Elle se dit *Très Sainte ;* et je la qualifie de *Très Exécrable !* (*Applaudissements enthousiastes sur tous les points de la vaste salle.*)

Non, non, il n'est pas permis à l'homme de bien, connaissant l'esprit de l'Eglise romaine à fond, comme aujourd'hui je le connais, de rester indifférent et de ne pas employer tous les moyens légitimes de la dévoiler telle qu'elle est, pour arracher de ses filets le plus grand nombre de ses innocentes victimes. C'est un devoir sacré, Mesdames et Messieurs, auquel je vous promets de ne jamais faillir, et par la parole, et par la plume. Or, seul je ne puis rien ; mais je compte expressément sur vous, Belges, mes amis, mes frères, chez qui je reçois depuis sept ans une si bienveillante hospitalité, vous dont la belle devise est: « *L'Union fait la force.* » Aidez-moi tous, chacun selon son pouvoir, à répandre avec profusion la vérité qui produit la liberté, les idées de justice enfantant l'égalité des hommes, enfin, le parfait amour de nos semblables, qui produit partout la fraternité commune et générale.

Ainsi, par la diffusion de brochures élucidant toutes les questions morales et religieuses, nous introduirons dans toutes les intelligences, que l'Eglise papale aura dévoyées par ses mensonges, la lumière au moyen de laquelle il leur sera facile, assurément, de voir que le Christianisme étant l'antipode absolu du Romanisme, il suffit de revenir à ce Christianisme ami de la vérité, pour faire à jamais tomber son ennemi mortel, le *Cléricalisme*, ou l'Eglise du mensonge et de la domination.

(L'orateur se retire au milieu des salves d'applaudissements. Beaucoup de personnes notables, représentants, sénateurs, courent lui serrer la main et le féliciter.)

CONCLUSION PRATIQUE

Il appert des trois conférences précédentes
que le mariage ordonné strictement au clergé
séculier d'Europe, ainsi qu'il est prescrit à
celui de l'Eglise orientale et qu'il était partout
en usage au sein de la primitive Eglise, opé-
rerait dans notre Occident les avantages les
plus précieux à tous les points de vue. Il est
superflu de les rappeler ici, puisque nous les
avons exposés avec assez de détails et d'une
manière assez claire au cours de cesdites conférences Il est bon toutefois d'ajouter que la
disparition du célibat eclésiastique amène-
rait forcément celle aussi du confessionnal,
abominable institution d'espionnage et d'immoralité. La femme et la jeune fille, en effet,
seront peu tentées de courir révéler le fond de
leur cœur, leurs pensées les plus intimes, à
des hommes mariés dont elles n'attendraient
rien de flatteur et d'encourageant, mais dont
elles croiraient, au contraire, avoir tout à redouter pour prix de leur naïve confidence.
L'important donc, notre *«delenda Carthago»*,
serait de supprimer le célibat.

Mais, pour atteindre un tel but, comment
nous y prendre ? Irons-nous demander à nos
députés et à nos sénateurs une loi qui décrète
au plus vite une suppression si féconde en ré-

sultats excellents.? Députés et sénateurs nous
riraient tous au nez, en alléguant leur incom-
pétence, en nous déclarant que, pour rien au
monde, ils ne veulent porter la main à l'en-
censoir, de peur de l'en retirer rôtie. Ils auraient
mille fois raison. Jamais ils ne doivent fournir
aux cléricaux, aux fanatiques, à tous les
gens crédules trompés par le clergé, prétexte
à crier à l'intolérance, à la persécution légale.
Ainsi donc, ce moyen n'étant point pratique,
il n'y faut pas songer.

Le seul qui puisse être efficace et qui, surtout, soit légitime en ce qu'il est suréminemment honnête et moral, c'est d'éclairer les
populations sur l'origine anti-religieuse, anti-
chrétienne, anti-apostolique, anti-catholique
du célibat ; sur ses résultats immoraux et si
nuisibles au prêtre, à la femme, à la fille, à
l'honneur du père et de la mère, à la religion,
à la patrie, à la société ; sur son but politique,
uniquement favorable à la domination du
pape et de son épiscopat.

Quand les peuples comprendront bien les
maux sans nombre engendrés par le célibat
clérical, celui-ci tombera de lui-même et sans
loi qui ressemble à l'oppression. D'une part,
les pères et mères mettront obstacle à l'entrée,
imprudente au dernier degré, de leurs fils dans
le clergé célibataire en qui, certes, ils n'auront plus la moindre confiance, et, d'autre
part, les maris ne laisseront pas plus volontiers leurs femmes aborder le curé célibataire
au confessionnal, ou n'importe où, que les
mères ne laisseront leurs filles s'exposer à la
lubricité de fainéants bien nourris, que leur

célibat forcé pousse aux désirs les plus irrésistibles. Rappelez-vous, lecteurs, le prédicateur jésuite affirmant à 300 prêtres du Jura que 99 sur 100 enfreignent plus ou moins de fois les lois du célibat dans le cours d'une année, et rappelez-vous, surtout, qu'il jugeait nécessaire une telle révélation de sa part, pour empêcher que 297 prêtres coupables sur les 300, fussent trop fortement tentés de faire une confession sacrilège en cachant leur situation misérable au confesseur. Hypocrisie, immoralité, voilà donc les fruits du célibat !

Mais comment en persuader promptement les populations ? Ce ne peut être, en réalité, que par l'intelligente et rapide diffusion de traités bien faits sur la question qui nous occupe. Or, en attendant que d'autres auteurs, aussi compétents que nous, mais bien meilleurs écrivains, fassent beaucoup mieux que ce qu'on vient de lire, il serait bon que, dans tous les cantons de France, il se rencontrât un groupe assez compact de vrais républicains, amis dévoués du progrès et de la moralité, sachant s'imposer quelque sacrifice afin de distribuer, dans chaque commune, un certain nombre d'exemplaires du présent opuscule au sein de la multitude.

Est-ce qu'il serait besoin d'un sacrifice un peu considérable ? Aucunement. On peut dire, en comparaison de l'avantage important à recueillir, que le sacrifice à s'imposer n'est vraiment qu'une bagatelle. Il s'agirait de vingt francs environ par mille à quinze cents habitants.

Comment cela ? me dira-t-on.

Le voici. Ce présent opuscule est de 0 fr. 40 *en librairie*, et de 0 fr. 50 *par la poste*. Or, au lieu de le céder à 0 fr. 50 *franc de port*, nous l'enverrions en *colis postal* de 3 kilogrammes *franco* jusqu'à la gare indiquée, à raison de 0 fr. 30 seulement, aux propagateurs qui demanderaient soixante-sept exemplaires à la fois (ils pèsent trois kilogrammes), par lettre *affranchie renfermant un mandat de vingt francs* à notre adresse : Pierre des Pilliers, à Grandfontaine, par Saint-Witt (Doubs). C'est donc ainsi 40 0/0 de remise à notre charge, en faveur d'une propagande éminemment anti-cléricale et moralisatrice.

Or, nous jugeons suffisante à toute agglomération de mille à quinze cents âmes la circulation de soixante-sept exemplaires de nos trois conférences sur le célibat, pour porter la lumière au sein de toutes les familles d'une telle localité, qui n'auront pas juré de se fermer ou se bander hermétiquement les yeux pour ne rien voir.

Les personnes qui, déjà, se sont procuré notre *Manuel du vrai républicain*, ont pu voir que vingt exemplaires de ce *Manuel* remis aux vingt seuls républicains d'une commune extrêmement cléricale de la Gironde, où l'on comptait cent cinquante-deux votants, avaient opéré dans ladite commune, en quinze jours à peine, un tel revirement, qu'au lieu des vingt votes espérés en faveur de M. Caduc, toujours resté depuis député de la Gironde, elle donna cent vingt et une voix à M. Caduc, tandis que le candidat réactionnaire en obtint seulement trente et une. Un tel résultat obtenu par le *Manuel*, valut à celui-ci, de la part de l'*Ordre moral*, l'interdiction du sol français.

Mais si ce même *Ordre moral* frappa d'ostracisme également notre *Célibat ecclésiastique*, il est à présumer qu'il le tint aussi pour un opuscule assez nuisible au parti clérical.

Nous le répétons : que l'on répande environ soixante-sept exemplaires dudit *Célibat* par mille·à quinze cents habitants, dans tous les cantons de France, et les populations connaîtront suffisamment la question, pour que le célibat clérical soit honni de tous côtés. Dans ce càs, il ne tarderait plus guère à tomber sous le mépris général, sous l'universelle et trop juste réprobation des honnêtes gens, qu'indignent à bon droit l'hypocrisie et l'immoralité. Les pères et mères de famille auraient honte alors de livrer leurs fils à la fausse éducation du petit et du grand séminaire.

Afin d'encourager à cette propagande exceptionnellement avantageuse à tout le monde, il faut réfléchir que *rien ne se fait de rien*, et que, *pour recueillir,* il faut avoir *semé* préalablement ou *planté*.

PIERRE des PILLIERS,

*Propriétaire à Grandfontaine,
par Saint-Witt (Doubs).*

Ambert (Puy-de-Dôme), 22 février 1886.